# 阅读时光里的古村镇
## 从30个视角品鉴150个古乡村城镇

余源鹏 著

·广州·

图书在版编目（CIP）数据

阅读时光里的古村镇：从30个视角品鉴150个古乡村城镇 / 余源鹏著. —广州：华南理工大学出版社，2023.10
ISBN 978-7-5623-7396-4

Ⅰ.①阅… Ⅱ.①余… Ⅲ.①乡镇-介绍-中国 Ⅳ.①K928.5

中国国家版本馆CIP数据核字（2023）第131497号

Yuedu Shiguang Li De Gu Cunzhen——Cong 30 Ge Shijiao Pinjian 150 Ge Gu Xiangcun Chengzhen
**阅读时光里的古村镇——从30个视角品鉴150个古乡村城镇**
余源鹏　著

| | |
|---|---|
| 出 版 人： | 柯　宁 |
| 出版发行： | 华南理工大学出版社 |
| | （广州五山华南理工大学17号楼，邮编510640） |
| | http://hg.cb.scut.edu.cn　E-mail: scutc13@scut.edu.cn |
| | 营销部电话：020-87113487　87111048（传真） |
| 策划编辑： | 李秋云 |
| 责任编辑： | 李秋云　庄　严 |
| 责任校对： | 盛美珍 |
| 印 刷 者： | 广州一龙印刷有限公司 |
| 开　　本： | 850mm×1168mm　1/16　插图：60　印张：16.75　字数：223千 |
| 版　　次： | 2023年10月第1版　印次：2023年10月第1次印刷 |
| 定　　价： | 53.00元 |

版权所有　盗版必究　　印装差错　负责调换

# 前　言

作为中国人，如果能有机会去游访、品鉴几千年的中华文明，那应该是件超越个人生命长度的幸事与乐事。

中华文明的结晶，可能存在于典籍之中，存在于国人的道德和价值观之中，存在于社会道德秩序之中，存在于名山大川之中，存在于博物馆之内，存在于现代化的繁华都市之中，存在于先进的科学技术之中，也一定存在于古乡村城镇之中（本书中将古乡村城镇统一简称为"古村镇"）。

相对于脱离居民生产生活和自然环境、在博物馆中所展示的事物而言，拥有上百年历史的古村镇才是自然环境与居民、建筑、工具、技术、生物等完美结合的集大成者，是文明在现实中的生动所在。相对于大城市点状分布的古迹而言，规模不大的古村、古寨、古乡、古镇，其"古"的事物往往相对集中，且多与当地居民的居住、生活、生产有机结合，通常是以一个"面"存在的。在时代潮流中沉淀下来的经典，或许就保存在繁华都市的远端，就在古村镇之中。

古村镇有以下几个特点：

1. 古村镇一般保存有古建筑，有比较深厚的历史文化积淀，是了解当地及周边地区历史文化、民俗风情的重要窗口；

2. 古村镇的景物，往往是自然景物和人文景物的有机结合，而且还经过了岁月的打磨，变得柔和、稳重、和谐；

3. 古村镇车少、楼低、安静，看得见明月，吹得到清风，其本身就是一道道风景，体验起来舒适度高，心情比较舒畅；

4. 古村镇中人际关系简单，民风大多和谐、质朴，整体上多具有和、善、仁、义、礼、智、信、孝、悌、勤、俭、廉、勇、忠等中华优良传统美德；

5. 古村镇人民生活节奏慢，竞争相对不激烈，对比城市生活，看似让人容易消磨时光，实际却能让人更好地拥抱时光，感受岁月静好。

因此，游访品鉴古村镇是领略中华文明的重要途径和必要过程之一，也是欣赏风景和休养身心的上佳去处！

每个古村镇因其所在的地理位置不同、形成的时期和过程不同，故其景物具有一个突出的特性——唯一性！即便相邻的古村镇的景物是相同的，但其内容和神韵却一定是有差异的。这就好像喝茶，出产在同个地区的茶叶种类可能是一样的，但每道茶因为种植的方位、气候以及人为制作加工技术的不同，其口感也是不同的。因此，喝茶需要品饮，古村镇也需要品读，如此方能得其内涵精髓。

为了全面深入地品读古村镇之风韵，我选取了"民风与美德""古民居建筑""古豪宅庄园""古名人故居""古公共建筑""古纪念建筑""官署与军营""木砖石灰雕""城楼与城墙""地形与规划""古牌坊""古楼阁""古戏台""题刻字""工艺品""文庙""古桥""古塔""碉楼""古树""古井""老街""水果""小吃""禽畜""月光""水""风""保护与开发"以及"其他"等30个视角，对我亲身游历过的国内150个古村镇中最突出的特点进行鉴赏、解读。期望通过我的努力，让读者在阅读本书时会有比较充分的获得感，能闻得到乡土的气息，看得见岁月里的风景！

为此，本书的撰写会有以下一些特点，也是我写作时努力的方向：

一是文体的多样性。为了说明问题，本书在每个视角下都选取了现实的古村镇作为例子，先采用叙述文和说明文写景状物，接着采用议论文进行总结、分析、论证，最后以散文形式加以升华，以开拓精神空间，凸显历史感。总体来看，本书是一本以记叙、说明、议论为主，兼具抒情的人文知识性散文集。

二是案例兼具深度和广度。本书品鉴、谈及我国十多个省市的150个古村镇，数量众多，具备广泛的代表性。书中选取了其中的86个古村镇中最具特色的事物展开深度品读，另外的64个古村镇仅作谈及的例举，而不是按照每个村镇逐一去解读。这样做既有深度又有广度，既全面又重点突出，也控制了篇幅，节约读者的阅读时间，提高了阅读效率。

三是知识性。我一直认为，成书的作品，是一定要能给读者带去知识的，不能只有作者的自我陶醉或抒情，而且所呈现的知识最好让读者可以使用。本书首先为读者总结提供了解读古村镇的30个角度，脉络清晰，便于查阅；其次，对提及的事物尽量定义清晰，厘清事物的外延和内涵；再次，在介绍某类事物时提供了可即时查询的知识工具，比如在"木砖石灰雕"一节中，就总结了十六大类雕刻主题，方便读者拿着本书到古村镇对照雕塑作品进行即时解读。

四是启发性和获得感。如果说知识对读者有学习参考的价值，那么书中所表述的思想、论断、判断和猜想等，希望多少能带给大家启发和思索，让大家在阅读本书时形成自己的认知，从而产生获得感和成就感，这应该就是阅读的乐趣吧！

五是方法性。在给读者带去知识、启发、乐趣的基础上，我还希望大家能从我的行文分析当中借鉴到一些方法，比如分类的方法、总结的方法、论证的方法、思考的方向，以及文字语言上的一些表达技巧等，希望能为读者品读古村镇提供思路和方法。

六是通俗性。通俗性是我撰写所有图书时一贯的要求，因为图书不是论文，它需要面向广泛的读者群体。就行文来说，我力求自己思考过滤后，用最简明便捷的文字向大家传输信息和思想。这是我对读者的"善意"，也是一个作者该有的"刻意"——让自己尽量辛苦地组织文字，以让读者尽量轻松便捷地阅读。

七是独创性。本书从选题到各节的分类展开，以及具体的思考分析结果，均充满了独创性，或者说首创性。这些独创性的内容包括：分析现象背后没被大家注意的内容，表达大家心中所想又暂时没有形成文字的想法，经过理性分析后变成一些符合新时代的价值观、世界观、人生观等。

八是突出歌颂人民。全书通过刻画古村镇之美，以展现中华历史之美、中华文化之美，对我国人民创造的辉煌历史和文明给予了最真挚的赞颂，凸显了向上向善的精神，是一曲新时代的人民赞歌。

九是文学性和美感。作为一本兼具历史、建筑、人文等知识的散文作品，在抒情、想象等表达中，我力求运用比较丰富优美的词汇，突出行文的节奏感和韵律美，充分发挥想象力，描绘出生动的场景，令画面和情境具有某种美感，部分还具有深远意境，力求用文字和情怀让读者产生阅读的愉悦并感受到文字之美。

十是岁月感。古村镇的一个重要特性，就是它一定拥有百年以上的"古"的事物，并且它的主要魅力也正是在这些"古"的事物上。为了准确深入地解读古村镇，我根据它的现状，结合历史背景，期望用理性的思想加抒情散文的方式，引领大家进入时空隧道，去探寻它的前世今生，去发现时光对古村镇打磨后形成的宝贵结晶，让读者跟着我一起，用有限的生命去感知上千年的岁月，从而拓展生命的长度，提高生命的质量，充实生命的价值。

希望本书能成为都市人品味时光的善尚读本，成为青少年增长阅历的知识性文集，成为旅行者鉴赏古村镇的工具手册，成为民宿、客栈的优质标配图书，成为助力乡村振兴的文化参考指南。

下面，请您放缓追赶时光的匆忙步伐，放下手中的繁杂，冲上一杯茶，跟随我的脚步和笔触，来领受这份丰厚的知识性散文大礼，欣赏古村镇的尺度之美与历史之韵，找寻那些散落在中华大地上的文化明珠，共赴一场仁善的思想盛宴，共唱一首人民赞歌，一起品味经典，一道感受岁月静好，一同阅读时光里的古村镇城寨！

# 目录

| | | |
|---|---|---|
| 01 | 民风与美德 | 1 |
| | 民风的形成 | 1 |
| | 民风中的美德 | 3 |
| | 耕读传家 | 4 |
| | 仁义青城 | 8 |
| | 体验民风的方法 | 10 |
| | 勇敢之风 | 12 |
| | 越宁静越热闹 | 15 |
| | 舞蹈遗存的地方 | 16 |
| | 特殊功能的乐器 | 17 |
| | 好民风就是乡愁 | 18 |
| 02 | 古民居建筑 | 20 |
| | 色彩材料和外立面 | 20 |
| | 内部格局和功能分区 | 23 |
| 03 | 古豪宅庄园 | 25 |
| | 反面的教材 | 25 |
| | 主人的人生观 | 26 |
| | 三座古豪宅 | 27 |

岭南四大园林及其后代　　29
　　豪宅的舒适度　　30
　　内中而外西　　31
　　衣锦还乡　　33
　　留名于后世　　34
　　建不得也买不得的豪宅　　35
　　陋室与富有的精神　　36

04　古名人故居　　39
　　对当地有影响的人　　39
　　对全国有影响的人　　40
　　从故里解读名人　　42
　　近代名人多出自古村　　44

05　古公共建筑　　46
　　古书院建筑　　46
　　古会馆建筑　　47
　　古宗祠建筑　　49
　　古宗教建筑　　51

06　古纪念建筑　　53
　　普世公认的精神　　53
　　造福百姓的功绩　　54
　　督促反省的作用　　55
　　宣传地方的文章　　56

## 07　官署与军营　58

　　廉政职业的县衙　58
　　调东镇西的屯堡　60
　　多信仰的千户所　62
　　保密的古堡暗道　65

## 08　木砖石灰雕　68

　　不同雕刻作品的装饰位置　68
　　篁岭古村的徽三雕　69
　　王家大院雕刻作品的寓意　70
　　潮州顶级木石雕刻与嵌瓷　71
　　灰雕的原料与岭南灰塑　74
　　十六类雕刻主题　74
　　解读作品，赞赏匠心　80

## 09　城楼与城墙　82

　　城楼、码头和要道　82
　　城墙的厚度与城的规模　83
　　富含生命阅历的古城墙　84

## 10　地形与规划　86

　　靠山背海风的碧洲村　86
　　百屋朝凤岗的八卦村　87
　　猜想创建者的谜底与智慧　89

| | | |
|---|---|---|
| 11 | **古牌坊** | 90 |
| | 牌坊的类型与等级 | 90 |
| | 牌坊材料的稳定性 | 91 |
| | 宣教与标识 | 92 |
| | 进入时光隧道之门 | 92 |
| 12 | **古楼阁** | 94 |
| | 见证繁华的市楼 | 94 |
| | 平临云鸟筹边楼 | 95 |
| | 阴平古道八景楼 | 97 |
| | 起凤楼阅读青木川 | 98 |
| 13 | **古戏台** | 99 |
| | 寺登街上的回响 | 99 |
| | 船形街中的闲聚 | 101 |
| | 古戏台的意义 | 102 |
| 14 | **题刻字** | 104 |
| | 一次交流思想的机会 | 104 |
| | 匾额上蕴含的姓氏信息 | 105 |
| | 捐纳官位的品级和价格 | 106 |
| 15 | **工艺品** | 108 |
| | 是纪念品又是宣传品 | 108 |
| | 品读古村镇的介质 | 109 |
| | 体现古村镇内涵的封面 | 110 |

## 16　文庙　112

　　古城的标配　112
　　文庙的布局　113
　　试院与贡院　114

## 17　古桥　115

　　实用的经典与艺术品　115
　　承载人文历史的风景　116
　　木、石、水的自然与沧桑　117
　　献给劳作农民的精品　118
　　政气文风的启闭商道　120

## 18　古塔　122

　　塔的类型与用途　122
　　发散着岁月的信息　124

## 19　碉楼　125

　　分散在田野中的开平碉楼　125
　　客家围屋角上的碉楼　126
　　抵御匪患的郭峪碉楼　127
　　云朵上的碉楼群　130
　　神秘东方古堡的羌寨碉楼　131
　　天空之城里的藏寨碉楼　133

## 20　古树　136

　　环境友善舒适与否的依据　136

　　　　古村镇底蕴与生机的证物　　　138

## 21　古井　　　141

　　　　公共设施与信息交流之地　　　141
　　　　两千多年的人文祖井　　　142
　　　　莲香美井滋养出的名将　　　144
　　　　致敬默默无闻的荒废古井　　　145

## 22　老街　　　146

　　　　老街的石地板与材质　　　146
　　　　街巷宽窄的门道　　　148
　　　　品味原生态的尧坝老街　　　149

## 23　水果　　　153

　　　　水土和季节的风味　　　153
　　　　支持一下农民　　　155
　　　　见果的喜悦　　　156

## 24　小吃　　　157

　　　　小吃的四个特点和两大类别　　　157
　　　　米粉与面粉做成的主食　　　157
　　　　休闲的食物　　　158
　　　　小吃与文化辐射力　　　159
　　　　怀念和向往　　　160
　　　　亲情与美味的双重作用　　　160

## 25　禽畜　162

禽畜的种类与喜悦感　162
景观与生产方式　163

## 26　月光　165

夕阳下的烟火　165
诗词与美景的标配　167
三种介质　169

## 27　水　171

水边的古村镇　171
古村镇与水的相对位置　172
水流的缓急与响度　173
亲水状元秀水村　174
水的清澈度　175

## 28　风　176

利风的尺度　176
镇远巷风　177
加强了体验　177
和缓之风带来祥和之气　179

## 29　保护与开发　180

提倡修旧用旧　180
受保护的红色古村镇　182
尽量保留其原貌　182

保持原生态的沙溪古镇　　　183

**30　其他　　　185**

　　　背景与风景　　　185
　　　景物的唯一性　　　186
　　　玩乐和体验　　　186
　　　生活和生产　　　187

**后　　记　　　189**

# 01　民风与美德

许多人已经意识到，古村镇里楼不高，道路不宽，汽车较少，空气质量较好，视野更开阔，生活节奏也比较慢，似乎更适合居住养生。于是居住在城市里的人，不时就到一些古村镇参观老街、古桥、古树、古建筑，尝尝当地的特色小吃，看看不一样的风景，体会不一样的民俗，往往一迈进古村镇，身心立马就轻松起来。

之所以会有这样的心理感受，除了古村镇里的景物能让我们感到舒心外，还有一个很关键的因素，就是这里的民风——生活在这里的人们的精神状态、道德品质，他们的眼神、表情、气质上的某些共性，以及他们关注事物的方向和重点，与常年生活在大城市里的人们有些差异。这些和谐的、质朴的、正面的、阳光的民风，通常也可以归结为某种美德。

## 民风的形成

在古村镇，特别是在古乡村，一般会出现单一姓氏或几个姓氏、单一民族或几个民族共同生活、"成分"比较简单的情况。姓氏"成分"简单的古村镇，人们往往会有共同遵守的祖训乡规；而民族"成分"简单的古村镇，人们则往往会有共同的习俗和信仰。加上村镇人口不多，大家平时抬头不见低头见，并且相互间还存在着交错的亲戚关系，如此，便容易形成许多约定俗成的行为规范、道德理念、交际方式和价值观念。

古村镇民风的形成大概有以下几种情况：

1. 由宗族中某个有影响力的祖先提出或从实践中得来。许多古乡村的由来，特别在南方地区，往往都说其宗族的祖先来到这里，看到此处适宜安居发展，于是带领族人（他自己也出资）兴建了宅院，安顿下族人，开枝散叶，发展形成现在的村镇规模。这位祖先还根据自己的人生经验，留下了或口头或书面的训言。此后，族人根据祖训里的智慧，指导族人的行动，规范族人的行为，使得该族发展壮大至今。族人为了纪念该先祖，大多设祠堂立牌位，并以族谱的形式记载先祖的功德、智慧和训言。

2. 由某个有影响力的民族英雄提出或实践得来。许多少数民族聚居的古村镇，都有这样的传说：某位民族英雄带领族人来到这里安居下来，保卫了族人的安全，也教习族人生存的方法。此后，族人以文字、服饰、歌舞、节日、习俗等方式将英雄的智慧和某些技艺传承下来，衍变为今天的某些民俗文化。

3. 由某个知名的有影响力的人物提出或实践得来。该人物可以是某位为民做好事的官员，可以是在该地留下名篇的文学家，也可以是某位传奇人物……他的到来，为古村镇注入了某些良好的人生观、价值观，或某些良好的经商或从政的理念，等等。

4. 因发展某个产业而形成的行规、行风等，比如精细，比如诚信，等等。特别是因地缘决定了生产方式，然后生产方式又决定了意识形态和文化特征。比如，处于平原丘陵地带、属农耕文明的人民，多勤劳质朴、崇礼亲仁；处于草原和沙漠地带、属草原文明的人民，多热烈奔放、勇猛刚健；处于沿海地带、属海洋文明的人民，多海纳百川、敢拼会赢；处于高山地带、属山地文明的人民，多敬畏自然、风俗缤纷。

其中，对于海洋文明，我曾在《一江潮客情——潮汕与客家历史文化访思录》一书中，对海洋文化有过一段表述，与读者共飨：

> 既有开拓精神（不出海就没得吃），也有冒险精神（大海总有很多未知数，不冒险也没得吃），部分人有掠夺心态（先到达一个海域，谁先捕捞到就归谁所有），部分人有赌博心态（船开到哪里，能捕捞到多少海产，都是未知的，走对地方，可能这一趟就赚了；走不对地方，可能这一趟就亏了），部分人急功近利（因为捕捞业是个立竿见影的行业，不像养殖业和农牧业，需要一段比较长的时间养育和耕种），很多人还有多重信仰和崇拜（因为面对人所未知的大海和无法控制的风险，古代渔民只能依赖祖先和各种神灵的信仰和护佑，来增加自己对风险的可控的信心。这种现象，在广东潮汕和福建沿海及台湾地区都很常见）。

## 民风中的美德

随着城镇化的推进，以及交通和产业的变化，一些古村镇逐渐没落、衰退，甚至消亡了。例如，一些古代依靠河道的交通而繁荣发展起来的村镇，如今随着公路和高铁的开通而被边缘化了；又比如，一些古代依靠某些矿产或产业繁荣起来的村镇，也随着矿产的枯竭或产业被替代等原因而人去楼空。

也有一些古村镇的年轻人或中年人，一开始外出到大城市打工，而后随着家乡交通的改善、政策的扶持以及旅游业、服务业及其他产业的发展，现在又开始回归到村镇里生活就业了。

据观察，许多底蕴魅力十足且走出众多优秀人才的古村镇，如今依然人丁兴旺。其中的缘由，除了生存环境和资源等因素之外，该村镇往往都具有和、善、仁、义、礼、智、信、孝、悌、勤、俭、廉、勇、忠等一种或多种优良的民风和美德，并且都非常重视教育。

还有一些古村镇，其人均寿命比较长。那里除了有良好的自然环境和绿色无污染的食品外，更重要的是具有父慈子孝、兄友弟恭的"孝悌"文化，以及夫妻、邻里和睦相处的和、善、仁、义、礼等风气。生活在这里的人们与人为善，对方也回报以善；而且一般认为他人也会以"善"待我，所以彼此之间没有敌意和戒心，轻松愉快。如此良性循环，人际关系顺畅，心情自然也舒畅，身体自然就更加健康。

广西巴马县平林村有座仁寿山庄，展示着清代光绪皇帝赐给当地126岁寿星的"惟仁者寿"匾额。这是个瑶族村落，据村民介绍，在他们村里，夫妻间是不能吵架的，夫妻吵架是件有违村规的事情，一旦吵架，就会有村里的族老前来劝告。我想，不吵架之风大概就包含了和、善、仁、义、礼等民风美德；不吵架，自然就会有话好好说，多商量，多礼让。和睦的民风，大概也是广西巴马地区长寿老人多的主要原因之一了。

## 耕读传家

我国南方的许多古村镇，如果问询他们人才辈出的原因，多数情况下他们会跟你讲，他们有"耕读传家"的优良传统。换句话说，就是他们有一方面重视生产劳动、一方面重视教育的优良传统。

在古代，他们会尽量让小孩上书斋、上学堂，或在村镇里举办免费的"义学"；在当代，他们会对小孩举行一些诸如上学、开笔等的仪式，向小孩讲述先祖如何重视学习，以及村镇里出过哪些学优而仕、学优而商、学优而研的优秀人物，在小孩的心中树立好学的人生观，然后想尽方法让小孩去获得更优质的教育。

## （一）

来到广西贺州莲塘白花村江氏客家围屋，给我留下深刻印象的，不是中轴线上那四厅堂三天井、两侧有两排厢房、外加四排横屋的所谓"九厅十八井"的大宅，而是在黄昏时分，当我走到围屋晒禾坪前，往里看那稍显昏暗的大宅时，听到横屋里传来的一位女童的郎朗书声和她母亲矫正她读音时的响亮言语，声音里散发着积极阳光的人文气息，打破了老宅的沉寂。我循声走了过去，只见这位女童一边双肘压着摊开的小学语文课本在阅读（也可能是在背诵），一边双手在剥豆荚，她时而看书，时而看手中的豆荚；她的母亲则一边做菜，一边聆听女儿的读书。

这座大宅是清光绪年间当地一位江姓三品朝官立功受奖后回来建造的。看得出，现在这座大宅里居住的人并不多（许多人都在外面盖房居住了），起码中轴线的厅堂里是不住人的，但端庄宽大、两层高的内空间，依旧诉说着这座老宅曾经的人丁兴旺。

从这位母亲对女儿教育的重视和负责，以及这位女童读书时的认真和乖巧勤劳中，我愿意相信，这位女童应该是能成才的——不论是学业，还是做人的性格和品德。或许她不是什么富二代，或许村里的教育资源没有城市里的丰富，但她依旧可以拥有一个丰盛健康的人生——她比许多城市里的孩童多了参加劳动的机会，未来可能更加能够适应各种复杂的环境，可能对母亲还更加孝顺。而这位母亲对女儿学业的重视和投入，应该多少继承了这座大宅先祖的宏愿。

老宅在，先祖的辉煌和荣誉就在，后人就有了榜样和理想。我看到，她们的脸上分明就洋溢着几分自信与淡然！

## （二）

广东大埔县百侯古镇，是一座位于古代潮州府饶平县与大埔县的交通要道旁，群山环抱、碧水围绕的田园古镇。明清两代，百侯镇共走出了5位翰林、24位进士和134名举人，其中的"一腹三翰林""同榜三进士"等故事被当地人津津乐道。目前，百侯古镇里散落着几十座府第式建筑，每座面宽都有数十米。

看得出，这里的古宅大多不是清末的富商营建的，而是由明朝末年一批受"崇文尚学"民风所影响、秉持"学优而仕"理念的儒官营建的。传说，明末嘉靖年间，村镇里的一些民众参与了对抗朝廷的暴动，后遭清算，当地杨姓家族死亡一百多人。当地人杨淮幸免于难，他认识到，唯有兴教育、正家风，才是一个家族得以长久生存的良策。于是花重金在当地修建起一座"大书斋"，并从福建请来名师教育子孙。自此之后的数百年间，"大书斋"里书声不断，古镇文风逐渐兴盛。崇文尚学成为百侯人的共识，使得百侯人才辈出、豪宅林立。

教育是千年基业，在新时代，希望各地政府能够给古村镇里的学生建设更多更好的学校，配置更好的老师，办更多的高中，给他们提供更多就学的机会，让古村镇走出更多的大学生，而不是打工者。如今的我们应该有条件、有能力把教育做得比古人更完善、更高级、更出人才，这也是衡量一个地区、一个时代越来越先进的标准之一。

## （三）

湖南省岳阳市的张谷英村，又称张谷英大屋。之所以称为"大屋"，是因为全村2000多名张姓族人就生活在同一大片屋檐下。传说明初洪武年间，其始祖便来到此处定居。此后，沿着村里一条蜿蜒的渭溪河逐渐修建起一片大宅，几个大宅门就开在了河边。其中，最核心的大宅院落"当大屋"前刻有"耕读继世，孝友传家"的楹联，这两句话大概就是族人总结的张谷英村发展壮大、传续数百年的第一要义了。

大宅院落门前是溪边的青石板路，大宅门后是晒坪，晒坪两边是两个面积较大的方形池塘（称为"烟火塘"，可用来取水灭火），通过大宅门后的晒坪甬道，走到尽头才正式进入屋门，此后中轴线上还有四五个天井以及堂屋，当然两侧厢房才是居住用房。

大宅之间都有侧门相通，走出侧门，是两座大宅墙体之间所留的约80厘米宽的防火巷道。巷道上同样盖着瓦，于是就形成了大宅连着大宅、屋檐连着屋檐的建筑形态，一个村庄就像是由一座大屋构成似的。人走在村里，"晴不暴晒，雨不湿鞋"。这种建筑形态，加上又属同一姓氏，使得整个村落上千间房屋每间关起门来是一户，打开门来又可以全村相通，可独立又可聚合，邻里相守望，便于相互帮助、相互沟通。

我注意到其中一个大屋的天井，前方的石条围成弧形，后方的石条围成方形，这是在告诫子孙：在村里要遵守家训族戒，而出门在外则要学会圆通处事，以和为贵。历史上，张谷英村人对水源上游的村落曾主动前去示好、化解矛盾；对先在村里生息繁衍的另一外姓族人，在修建村落道路时则对他们加以优先照顾。这就像国与国之间的关系一样，以"和"为宗旨来处理周边强国与弱国之间的关系，给本国（本村）的发展壮大提供了良好的外部环境和资源条件。如此看来，能成豪族者，必有其过人的生存发展哲学。

## 仁义青城

甘肃省榆中县有座位于黄河边上的青城古镇。进入城门楼，一座牌坊正面写着"风雅青城"四个字。结合青城古镇清代时是以贩卖水烟为主的货物集散地的历史，加上现在又是全国民间艺术之乡，我猜这牌坊上的刻字大概是想表达这里文雅且别有一番风韵之意。

只是，当我们从兰州驱车翻越几乎寸草不生的黄土高坡，下到青城古镇的时候，本以为这里是黄河滩上的一片绿洲，应该十分惬意，没曾想却遇到八月的酷暑炎热将古镇严严包裹起来的天气，逼得我们直到下午五点半眼看太阳快要下山了，才不得不走出茶楼的空调房赶紧来一番探访——六点钟后，古镇几个可供参观的景点就要闭馆了。

我们来到立有北宋名将狄青雕像的广场，然后迅速进入旁边的城隍庙观看了一番。走出城隍庙的时候，时间已是下午六点整，工作人员也准备下班了。城隍庙的对面，是古镇的另一处景点——"罗家大院"。只听城隍庙的工作人员大声喊着对面的工作人员，让她们等会儿再关门。要知道，工作人员守了一天，依照许多景区的做法，一定巴不得早点下班回家，何况那天酷热笼罩。不过，"罗家大院"的一名工作人员依然为我们留着门。

我们自然也心领好意，迅速地参观了一圈，十分钟左右便出来了，心里想着其他两个重要的景点应该已关门了。但"罗家大院"的这位工作人员知道我们刚开始参观不久后，指着前方告诉我们，她已经通知另外两处景点的工作人员等会儿再下班，让我们赶紧也去看看。

感受到了她们的热情，我们表达了谢意，然后怀着欣喜的心情，又迅速赶往了"青城书院"。我们走马观花地看了一圈，几分钟便结束了参观。对比"罗家大院"的商气和民俗，"青城书院"透着一股典雅的文气，

甘肃榆中县青城古镇狄青广场

贵州黎平肇兴侗寨侗族大歌

还有几丝绿意。虽然时间已经到了六点半，但这位工作人员依然十分淡然，她喝着水，眉宇间透着一股和善之气，不催促也不着急。

古镇的四个主要景点，我们已经观看了三个，加上天色渐晚，实在不好劳烦最后一处"高家祠堂"的工作人员再等待我们了。于是我们请书院的工作人员代为告知，并再次表达了谢意，心满意足地往古镇外走去。

就在快出城门的时候，我不经意间抬头，望见刚才"风雅青城"牌坊的背后竟赫然刻着"仁义之乡"四个红底的金黄色大字。我从建筑、艺术、特产和民俗表演中，大概能够品味到古镇的"风雅"；而"仁义"，这个对古镇人品格特征的赞誉之词，今天恰好有幸让我体会到了！

这四个景点的四位工作人员，表面上是对游客热情、对工作尽责，或者说是想让我们多了解古镇的历史文化和特色，但实际上，我从她们的交谈中知道，她们认为我们买了门票，如果因为她们刚好下班而没能进去参观，那门票就浪费了，有点遗憾；加上我们踩着下班点到来，遇到的是她们，如果不帮我们，她们感觉过意不去。

在我们没有任何请求和要求的情况下，这四位景区的工作人员不约而同、十分默契地以耽误自己下班休息的方式帮我们留了一扇门。就是这一扇门，让我由衷领略到古镇牌坊上所刻"仁义之乡"称号的内涵。也由此让我对"仁义"一词有了更深刻的理解——许多人认为"仁义"就是仁爱与正义，但我却更倾向于它在古代的另一个名称"仁谊"，就是一种心怀仁慈地对待他人的友善。

当我通过不到一小时的游历，先后遇到古镇的几个人，感受到他们身上具有的相似的美德作用在了我的身上之时，我想，这个过程中我已体会到了古镇"仁义"的民风。

虽然由于时间和气候的原因，我没能仔细领略古镇建筑、历史、民俗等方面的细节，但这已经不重要了，古镇人的美德，让我感受到了黄土高原明媚春光中的清风喜雨，感受到了一个无比开阔的人际关系空间，感受到了心中久久萦绕的温暖与惬意。这就是良好民风给身处其中的人们的一种富含正能量的熏陶。如果你我能长期处于其中，相信当地民风中蕴含的美德也会自然地从我们身上展现出来。

## 体验民风的方法

前面说了，民风形成的因素有很多，有地形地貌和气候环境的因素，有生产和经济的因素，也有历史人物和历史事件的因素。不过，这些因素仅仅只能用来解释民风形成的背景，若要准确了解古村镇的民风，还是要依靠自己的观察、体验和总结。观察和体验的对象，是当地人的形象和行为；总结的对象，则是这些外在形象和行为背后存在的观念和思想。

（一）

我们去古村镇，一般会遇到在售卖东西的当地人，一般也可以看到当地普通百姓生活生产的情景（是种田的、养鱼的，或是搞加工生产的）。我们可能会向她们购买特产，可能会吃上一餐饭，可能会向他们问路，也可能会向他们请教或交流感兴趣的话题。在这些交流过程中，我们可能会了解他们的生产生活情况，会对当地人的外貌、性格特征有个粗浅的印象。这就是最基本的体验民风的过程。我们或许很快就可以感觉到当地人的性情，他们或是勤劳质朴，或是悠闲自在，或是礼貌友善，或是诚信热情。比如我初到贵州兴义坡落布依寨里时，走了一段路，除了悠悠河岸及在稻田边玩耍的孩童们给我留下了较深的印象外，我发觉寨里的古建筑并不多，觉得犹疑，于是便找到村口一位纳凉的老太太问询。她得知我是来旅游的，便热情地带我来到寨里一处靠山的地方，说这里每年节日时会举办活动，很是热闹，但我来的不是过节的时候。我接着问起寨里有什么古建筑，她便带着我去到不远处一处用石头盖成的大宅门口，告诉我这是村里最老的建筑。我拿出手机拍照留念，老太太说她家就在后面，可以带我进去参观，说着便领路过去。只见她家是三开间平房，侧面有个厨房，外面是个院子。她的丈夫也出来了，大约60岁，面容清瘦，打过招呼后请我进他家闲坐。因为是疫情期间，不好进他家打扰，于是我们在院子里聊起了天。通过大大的窗口，看到他们家房间里摆放了各式乐器。他介绍说这是布依八音坐唱时用的乐器，布依八音是以丝竹乐器为主伴奏乐器表演的曲艺形式。我打量了一眼，大概认得满圆形、短脖子的月琴，还有像二胡一类的乐器，以及小锣等。我站在院子里环视，看到厨房旁边有棵梨树，结满了小梨。此时，老太太拿了根棍子便打了几个梨下来，用旁边的井水洗净了想送给我吃。她丈夫说，今年没有打农药，梨都长虫了。果然，好几个梨都被虫蛀了。老太太挑了两个梨给我，盛情难却，我也就接下了。虽然打开后发现这两个梨也被虫蛀了，但我体验到了坡落布依寨民的热情好客和友善质朴，感怀于心。今日回味起来，依然充满了梨般的甜蜜。

## （二）

通过观察当地的民俗风情，也能从侧面探究民风。如生产劳动的民俗、日常生活的民俗、传统节日的民俗、社会组织的民俗、人生成长过程各个阶段的民俗（如礼仪），以及精神生活的民俗（如信仰崇拜）等。

有意思的是，这些民俗时常会在特定的时间和地点集中展现，这就是我们通常所说的"过节"。如果我们刚好在当地过节的时候来到古村镇，那浓厚的民俗风情定会让置身其中的我们深刻领略其民风与人文。

比如某个民族在其传统农耕节日（生产劳动的节日）里，会祭祀土地神或其他神祇（属精神生活民俗），经过精心组织（有时是当地政府组织的，有时是特定民间组织者组织的），人们大多会盛装出行，载歌载舞，且准备了丰富的食物和祭品（属生活民俗），而青年男女们可能还会对歌相亲（属人生成长过程的民俗），等等。通过观察或参与这类节日，可以让我们快速地体验到当地的文化和民风。

我国除了国家规定的法定假日外，各地各民族都有一些传统的特色节日。例如，每年农历三月初三，是我国西南地区壮、苗、瑶、黎、畲等民族的传统节日"上巳节"，广西会放假2天；每年公历4月13—15日，是我国云南南部地区傣族、阿昌族、布朗族、佤族、德昂族等民族的新年节日——泼水节；而彝族、纳西族、基诺族、拉祜族在每年农历六月二十四，白族在农历六月二十五会举办被称为"东方的狂欢节"的火把节。虽然各地各民族过节的方式和内容有所区别，但大多欢歌热闹，生机勃勃且充满正能量。

## 勇敢之风

### （一）

在我国，最重要的节日莫过于春节了。辞旧迎新之际，自古就有放鞭炮（古代称为爆竹）的传统。宋朝王安石一首《元日》流传千年："爆竹声中一岁除，春风送暖入屠苏。千门万户曈曈日，总把新桃换旧符。"

正月里，许多古村镇中家家户户门口的地坪上常常散落着红色的鞭炮纸，与门框上的红春联相呼应，在寒冷的天气里凝聚起了一份红火，似乎在迎接春暖花开的到来。空气中不时飘来燃放鞭炮后略微刺鼻的硫磺气味，这也是我和许多人记忆中的"年的味道"！不仅在春节，其实民间在许多节日和庆典上都有放鞭炮的习俗。它以响亮的方式宣告仪式高潮的到来，烘托了热烈的气氛。在古代，放鞭炮还能吓退野兽，提高己方的民心士气，对周围的敌对势力也能产生一定的威慑效果。

放鞭炮还是一项延续着"勇敢"品质的传统民俗活动。对于每年都有机会放鞭炮的人，可以说他们拥有了一次提振勇气的机会，或者说一次放飞野性的机会；而对于每年都有机会听到鞭炮声的人，可以说他们得到了一次历练胆量的机会。特别是在现在和平稳定的时代里，绝大多数人都没有听到过枪炮声，于是我想，放鞭炮也许多少能够起到某种居安思危的警示和历练作用，与城市居民每年9月18日听一回防空警报的作用类似。

每年春节后，福建闽南和广东潮汕地区的乡村都有抬神像巡游的民俗活动。所到之处，各家各户门口都放鞭炮以示迎接，也寄托了将不好的事物驱赶走的心愿。而对于那些抬神像巡游的年轻人来说，他们经历了一回"炮"与"烟"的考验，历练成为更勇敢的人。

在贵州省黔东南州，每年元宵节会举行一项流传数百年的特殊舞龙活动——舞龙嘘花。一群舞龙者举着竹制长龙，沿街挨家挨户巡游。所到之处，周围的人点燃装着火药和铁屑的竹筒，向龙身上喷洒焰火，以示祝福。嘘花筒能喷出三五米高的火焰，现场如火树银花，舞龙者则经常赤裸着上半身在火海中跳跃奔腾（据说穿了衣服容易着火）。这种舞龙表演也被称为"勇敢者的游戏"。

## （二）

其实，小到一个村落的村民，大到一个民族和国家，"勇敢"这种素质都是其生存和发展的必要元素。古村镇的许多传统民俗活动大多也都保留了展示"勇气"的相关活动。比如我国西南地区许多民族在节日里会表演赤脚上刀山、踩火海,以及喷火、口吞红火炭等普通人不会的"绝技"。这其实就是一种威慑行为,让周边的野兽或敌人不敢轻易来犯,其他的如戴着狰狞面具、跳傩舞或舞狮子等也都有这方面的意味。

至于那些赛马、斗牛、斗鸡、摔跤等具有激烈争斗行为的活动和比赛,也都是对勇敢行为的赞许,传扬了勇敢之民风。要知道,人类的先祖是在经历了刀耕火种和勇敢的斗争之后,才使得族人得以生存繁衍。换句话说,勇敢的基因早就刻在了人类的身上,就看以什么方式去激发它;而敢于斗争以获得胜利,也是人类不断进步的一大力量之源。

(三)

近二三十年,越来越多的人搬到了城镇里居住,大多数的城镇也都禁止燃放烟花爆竹。我担心,长此以往,在城市里成长起来的新一代男性青少年会缺乏对燃放鞭炮时的惊心动魄的体验,以及缺少烟火气的熏陶和历练,这对其勇气和胆量的培养不太有利。

因此,一方面,我建议相关城镇可以开辟出能统一燃放烟花爆竹的空旷空间,并规定可在不影响市民休息的时间段燃放;另一方面,如果有条件,春节期间你不妨离开那些禁止燃放烟花爆竹的大城市,离开每天都亮着灯、繁华喧闹的商场或步行街,到能燃放鞭炮的村镇里去走走,去感受那里更加浓烈的过年气氛。甚至你还能在当地放一回烟花爆竹,以激发身上的勇敢基因。那一刻,你必将为自己能战胜一时的胆怯而收获一份大大的欢畅。

## 越宁静越热闹

考察古村镇的民风还有一个重要的窗口,就是观看当地的歌、舞、戏剧和乐器等民俗文化表演。这些歌、舞、戏剧和乐器,以及服侍、道具、灯光、场景等,其实就是他们过节或日常生活中最具民俗文化特色、最精彩的部分,放在一个集中的时间和地点展现出来,使得观众对当地的民俗文化有多重感官的认识和记忆。当然,大概只有开发了旅游服务业的村镇平时才会有这些表演。

这些表演大多隆重而热烈,为平日里宁静古朴的村镇增添了活力和生机。也可能是平日里比较单调的生产方式和比较安静的生活环境,才孕育、迸发、传承出如此热烈的表演形式。

从当地人的角度来说,这是他们自发表达某些情感的形式,是一种休闲娱乐方式,不一定是为了供人观赏的。比如山歌的出现,开始时一定是一方在打破寂静、驱赶寂寥,而后另一方从远方回应了,于是一来一往,便逐渐发展成为对山歌。因此,山歌的出现,最初时是双方的需要,与听众无关。但有人听了觉得好听、有意思,便将内容和曲调记录传承下来,变成现在一门可供表演、欣赏的艺术。

古村镇的民风还可从当地的谚语和民谣中去了解,可从当地最受欢迎、最常演出的戏曲节目里所褒扬的和、善、仁、义、礼、智、信、孝、悌、勤、俭、廉、勇、忠等理念中去凝练。

我发现一个很有趣的现象,就是许多平日里宁静、开阔、人口密度低的古村镇,一旦过节或有表演时就会显得十分喧哗,且人口汇集也越明显。人们也一改平日里劳作时的朴素穿着,往往盛装出行,或庄重,或靓丽。而平日看似内敛的村镇人,此时也敞开了心扉,喝酒、奏乐,甚至是跳起舞来。与之形成鲜明对比的是,平日里熙熙攘攘的大城市,过节时却显得跟平日一样，没有热闹的气氛。这种对比让人唏嘘！

## 舞蹈遗存的地方

提起中国的舞蹈，各类少数民族的舞蹈可说是比较有特色且知名度很高的了。作为汉族人，我能想到的汉族舞蹈，似乎就只有宫廷舞比较突出，而平日里群众能跳的舞种，我能想到的就只有秧歌舞了。可能汉族人大多居住在城镇里，个体参与舞蹈的需求不强烈，只习惯于观看和欣赏，所以传承下来的多是具有观赏性的宫廷舞与各种地方戏剧。

尤须一提的是，汉族男人比其他少数民族的男人更少跳舞（现在跳广场舞的，也多数是女性）。似乎汉族男性一旦跳舞，就显得不够稳重了。这或许跟封建社会表演唱戏的人的社会地位很低有关。而且汉族分布地区大多人口密集，一旦有个别人或个别群体出来跳舞，这些人很快就会成为他人关注的对象，显得另类了。

这样的观念和行为，与我国许多少数民族在舞蹈上的即兴表演和自娱性有很大的差别。许多少数民族民众居住在山区、高原、草原等地广人稀的地方，一旦过节聚会，大家为了表达高兴的心情，便更容易手舞足蹈起来，他们从动物和环境中吸收舞蹈的形态和动作样式，加上各民族特有的乐器，便形成如今闪烁着历史、文化、环境、民俗光芒的民族舞蹈。而且少数民族同胞跳舞时常是集体性的，具有较高的参与度，许多民族都有大家手拉手围成一圈跳舞的习惯。当大家都参与其中了，自然就不会觉得自己是被别人关注的个体，反而有利于相互之间的沟通、认识和团结，有利于气氛的进一步升华。

通常有节奏的、欢快的、运动型的舞蹈对人身心的放松、愉悦以及健康都是有帮助的。其实跳舞不需要多大的场地，舞蹈几乎可以随时随地进行，也几乎不需要什么器具，一个人也可以跳起来！希望大家能摒弃跳舞不稳重、有损形象的观念，跳起舞来！可以从学校开始，继而向社会推广，让舞蹈走下舞台，进入百姓的生活，至少能在节日里跳起来。如果你还不好意思跳舞，那就多到少数民族的村镇里过节吧，你会很快从旁观者变成参与者的。这或许就是古村镇送给城市居民的一份健康大礼了。

## 特殊功能的乐器

演奏乐器，是古村镇民俗表演中的重头戏。不论是在节日，还是在进行舞蹈、戏剧的过程中，演奏乐器均能增强并渲染气氛，明晰节奏，蕴含情感，并且还赋有某种特殊功能。其中，锣（钹）和鼓这两种比较普遍的乐器尤其值得关注——锣的音调高，而鼓的响度大。

锣、钹、铜鼓甚至大钟等常见的铜制金属发声乐器，其响声较为刺耳，太大声就会把人赶走。因此，古代官吏在街市出行时，往往有人在前面敲锣，吆喝行人回避。

鼓是我国古代打仗时常用的指挥和助战工具。现在还以击鼓为主要演奏乐器的古村镇，当地历史上很可能都比较频繁地发生过激烈的战争。大鼓的声音激越雄壮，且传播距离远，可以振奋人心、激扬斗志。因此，有击鼓传统的地方，过年过节时请把大鼓拿出来吧，可以来个鼓阵演出，或者来个击鼓巡游，其产生的作用毋庸置疑是正能量的。有意思的是，敲锣和打鼓往往同时出现——打鼓振奋人心、催人奋进，敲锣则可以散去负能量，两者配合，让人清醒且精气神十足。

## 好民风就是乡愁

我国对城镇建设有个要求,就是要让居民"望得见山,看得见水,记得住乡愁",就是说要维护好环境,使大家在城镇里有归属感。

乡愁,就是对故乡的某种思念与牵挂。由于大城市生活学习节奏快,竞争激烈,市民会觉得忙和累,忙累到无法慢下来真正放松身心去休闲,以去品味岁月静好、去丈量时光的长度。而从小生活过的古村镇,往往因为生活节奏慢,人际关系简单,对比城市生活,看似让人容易消磨时光,实际上却能让人更好地拥抱时光。就好像大城市里的住房,由于单价高,面积不大,所以要利用好每一个平方;而古村镇里的一栋老房,却可能大到让你可以随意闲置房里的空间。于是你会发现,原来豪宅与普通住宅的区别,就是豪宅里有很多面积是用来"浪费"的!于是你也会发觉,原来享受时光就意味着时光多到可以用来"浪费"!

我们对位于古村镇的故乡的某种思念与牵挂,很多时候是对故乡美好的人、事、物的思念与牵挂,除了山水田园风光、宅院以及亲人、良师、益友外,乡愁中还包含了故乡那浓郁且稳定,不会被车水马龙冲淡、不会被高架桥截断、不会因为城市建设而震动轰鸣的简单淳朴的民风,以及民风中所富含的城市里显得稀缺的某些美德!如此看来,乡愁有具象的也有抽象的,而好的民风,就是我们心中向往的抽象的、温厚的、美妙的乡愁。

反观生活在大城市里的人们,大多都缺乏一个根深蒂固的地理概念。大家习惯于移动,不论是上下班还是游玩、购物、办事,乃至居住,都随着城市发展和个人家庭的需要而转移——其实质是为了更好地占有某些资源。这种移动,看似对物质的占有越来越多,实际上"无根感"也很明显,时常会令人产生某种彷徨,感到精神空虚,甚至是价值观的扭曲。

城市生活和建设导致了生产力先进与人文氛围滞后之间的矛盾，而古村镇正好能弥补城市人民对丰富精神文明的需求。我们可以发现，古村镇居民的脸上时常挂着一丝微笑、一丝淡定、一丝悠然，在平凡的日子里总能寻找到一些安乐，对外人也不像城市居民一样需要那么高的警惕性，经常显得随和、热情且真诚。

　　这也就能解释，为什么逢年过节，城市里的人们都费尽周折地赶回村镇里的故乡；为什么每逢节假日，城市里的人们都喜欢到古村镇里游走——村镇里的民风和美德能满足城市市民的许多精神需求（不只是自然风光或乡野风情，也不只是当地的原生态食物，因为城市里也有公园、山川，城市中也能买到或网购到原生态的食物）。

　　当你在城市里感觉生活乏味的时候，不妨抽空到古村镇走走吧。你或许会发现，古村镇中当地人的衣着和行为就是一道风景；或许古村镇当地人气定神和的样子会让你放慢在城市里习惯高频率的步伐，并让你的呼吸更加舒缓；或许古村镇当地人的单纯和朴实会对你的品德和性格带来教育与熏陶；跟古村镇当地人的物质生活相比，或许你会获得某种知足之乐，你能体会到古村镇的祥和与有序，心境会开阔与舒畅。这些美好的感受，对于那些在大城市里出生成长起来的年轻人而言，也可能会形成另一种"乡愁"，增加对古村城镇的喜欢与怀念，继而在领略古村镇民风的同时，汲取其中的美德，转化为个人身心健康的养分。

# 02　古民居建筑

凡是古村镇，必定有人居住；有人居住，就必定要有民居建筑。民居建筑是村镇里存在数量最多，通常也是最具有统一元素或风格的建筑。

民居建筑有两个方面值得关注：一是外立面的色彩、材料、造型和细节，二是内部的功能分区和居民的生活方式。

## 色彩材料和外立面

一个古村镇的民居一般会有比较统一的外立面及色彩搭配，这通常也是古村镇的一道景观。如安徽、江浙一带和江西等江南徽式建筑的白墙黛瓦，因为近乎中国水墨画的色彩而时常作为中国乡村民居的形象代表。

古村镇民居建筑的外立面呈现的色彩大多与建筑材料有关。人们根据气候、地形、生产方式及建筑材料的取材便利性等条件来设计建造他们居住的房屋。

闽粤赣桂等省的客家民居，以前大多采用当地的黄土作为建筑材料夯成土墙体，有的还建成几层高的大圆土楼，外观主要就是土黄色，与大地

江西婺源篁岭古村

广东饶平县润丰土楼

的颜色相近。这种民居建筑与泥土浑然一体的景象大概就是"乡土"最直观的表现了！山西的张壁古堡，因为当地泥土的黏性大，于是地上是黄土砌的房，地下则完好保存了几层历经上千年的地道。

在广东广府地区、云南大理、山西晋中和湖南等地，经常见到采用青灰色的青砖作为承重墙体的古民居，稳重结实，保存时间长，色调内敛。这些青砖墙比夯土墙和红砖墙的造价都高，大批青砖古民居的存在，可以推断出古时当地人民的生活水平普遍比较高。

四川、重庆的古民居多用木材作为梁柱等承重结构（木材经过了特殊处理，外观通常呈黑色），屋顶铺着黑色的瓦，中间经常是采用泥土和稻草或泥土和竹子混合而成的白色或黄土色的墙体，房屋整体显得深沉，又不失节奏变化，形成一种独特的美感，还透着天然材料与人的亲近感。

广东和福建海边的古民居，因为濒海地区石头多泥土少，而且石头能抵抗海水和台风的侵蚀，稳定性强，因此有条件的古民居多使用石头作为墙体和承重材料，如福建平潭岛和惠安崇武古城，广东饶平柘林民居和大成所城等。广东潮汕地区沿海的古民居则采用海贝灰烧制成熟贝灰后混合成三合土，作为墙体黏合剂和外墙材料，同样耐腐蚀。广东沿海还有的民居外墙直接将去肉的大个牡蛎壳整齐排列粘贴在墙面上，形成蚝壳墙，既保护了外墙，又使得墙体冬暖夏凉。

在贵州安顺地区，结合明朝的军屯政策和当地的石材，许多民居一至二层都是用石头砌筑外墙，屋顶则用石片当瓦。我见过的当地民居中，只有天龙屯堡的部分大宅的八字门楼使用木材，此外，安顺旧州古镇的店铺门面也采用木材作为门板。安顺镇宁、关岭一带，因当地盛产青石，布依族人就地取材，孕育出了以石板房为代表的石板房建筑文化。其石板房以木为架、以石块为墙、以石片为瓦，除了柱、梁、椽等构件外，整个建筑的屋基、墙体、屋面均由石材垒砌，石头与石头之间极少见泥灰黏结。石头建筑的特点是冬暖夏凉,不惧火灾。用石特点最为突出的是安顺千年布依古寨高荡村,其就是一座藏于深山的"石头王国",当地盛产一种可一层层揭开、薄厚基本均匀的平整水成页岩,因而村里保存了大量建于明代的石板房。这些石板房高达五六米,其中,第一层高度不到两米,开小门洞,是饲养禽畜和存放工具的场所;通过地面近十级台阶才能到达二层,二层住人;三层是阁楼,主要用以存放粮食。

我见过最华丽的古民居外立面,当数藏族的房屋。除了以石块作为墙体所显露出的厚重和高贵感外,藏族民居会在门楼、窗口周边和屋檐下绘制多彩的图案和线条。如四川阿坝州马尔康红军卓克基会议遗址对面的西索村民居,其因山就势层层分布且户户向阳,规划布局井然有序,颜色搭配多而不乱,美感十足。又如四川阿坝黑水县的七彩甲足藏寨,寨里每户藏族民居外立面的每一层墙面、腰线、屋顶、窗外框都选用不同的颜色,唯一统一的就是不约而同大胆地大面积采用红、黄、橙、蓝、绿、青等各种颜色作为外墙的装饰颜色,变化繁多。甲足藏寨就镶嵌在80里的奶子沟彩林和冰川山中,来到此处,仿佛进入了一个童话世界。

在古村镇中,如果是近来新建的房屋,我比较喜欢看木结构的或外墙和外梁柱贴木材装饰的房屋。贵州、广西、云南山多树木也多,新建的木结构房屋通常会显现出一种微微发亮的棕黄色。广西靖西旧州古镇新建的木房便是如此(据说当地的男人主要从事木工工作)。贵州肇兴侗寨里,一位司机师傅向我介绍,说他们镇的木房都是大家帮忙建起来的,就是哪家建房了,其他家的男人不管多忙都会过来帮建,算是出力出工,下次自己家建房则别人也会抽出时间来帮忙。可见,会建木房是当地男人的一项必备技能。建房也成为当地人一项重要的社会活动,是一种源自远古的技艺传承。

各地古民居因为建筑材料、居住环境、生产生活方式和经济条件不同，会产生不同的造型和施工工艺，造就多样的民居类型。不好说哪个地方的哪种古民居更好，只能说存在就是合理的。因为它们经过了当地居民和历史的长期检验，是当地生活最适用的类型。

## 内部格局和功能分区

对于一个外地人来说，进入村镇大多数时候只能看到建筑外立面。当然如果有机会，我们还可以进一步关注民居的内部格局和功能分区，这些布局显然与当地居民的生产和生活方式息息相关。如云南西双版纳的傣族村落，一般一层都用来存放车辆、工具或饲养家禽，二楼则用来居住。

更多的民居，往往厨房和餐厅设在一楼，人与粮食仓库分置在二楼或三楼。有的为了粮食通风好、干燥，就将三楼作为粮仓；也有的为了方便劳作，将粮食和工具放在二楼；三楼则用来住人。在四川阿坝州的桃坪羌寨和江西婺源地区，很多民居楼顶都设有露台，便于晾晒粮食和衣服。

广西柳州融水县的小桑村等苗族村寨，多建有吊脚楼，一般分三层，上层作仓库，置放杂物，储存粮食；中层住人，中厅设火塘，平时围坐在火塘边烧火煮食；最下层一般用来圈养牲畜、安置厕所和堆放柴木、草料等杂物。有的人家还在向阳的一侧搭建一个与二层持平的晒楼，可晾稻谷和衣物。

许多地区的古民居，一楼大门进去就是会客厅，有时还兼作餐厅和手工作坊。此外，在广西壮族地区、安徽徽州和广东开平碉楼区、孙中山故居翠亨村、广东北部的瑶寨等地的民居建筑中，我看到对着大门的客厅（堂屋）中间上方都设有祖先的牌位。山西晋东南的民居大宅，则一般把祖先牌位设在中轴线房屋的最顶层。而在四川丹巴中路藏寨，带路的藏族老兄介绍说，当地居民家里的最高层是供奉菩萨的地方。

　　观察古民居，多数人可以发现它们还有个共同的特点，就是一般没有独立设立厕所。建于民国时期的广东开平碉楼和福建客家土楼，即便屋里设有盥洗室，但也没有设厕所，这应该与当时给排水系统的设计不够先进有关。后来，不少客家人搬离了土楼，原因竟然就是希望家里能有个独立的卫生间。

# 03　古豪宅庄园

有些古村镇的民居群中，可能存有古代某位达官富商修建的豪宅。这些豪宅，要么精雕细琢，要么规模庞大，有的还建有大型园林，我把它们统称为豪宅庄园。

这些古豪宅庄园，是当地古民居建筑和艺术的集大成者，现在也成为各个古村镇的重要游览景点，大多都附带建有各种展览馆、博物馆、体验馆，让游客在游览的同时，也能了解当地顶级的艺术和工艺，以及当地悠久的历史和民俗文化。因此，古豪宅庄园是解读古村镇的一个重要窗口。

## 反面的教材

四川成都大邑县安仁古镇，最出名的当数大邑刘氏庄园博物馆。其老公馆占地面积12300平方米，是民国时期大地主刘文彩于1932年建造的（刘文彩和他的弟弟刘文辉的新旧公馆占地面积共约7万平方米，相当于北京恭王府的占地面积了）。庄园内建设有大厅、客厅、接待室、账房、雇工院、收租院、粮仓、秘密金库、水牢、佛堂、望月台、逍遥宫、花园、果园，甚至还有专门存放鸦片的仓库，以及专供刘文彩吸鸦片用的房间。这里曾经作为"大邑地主庄园陈列馆"，里面有一组创作于1965年、名为《收租院》的现代大型泥塑群像，共塑有"交租""验租""风谷""过斗""算账""逼租"和"反抗"7组群像，有114个真人般大小的人物，具象生动，规模颇大，令人印象深刻。虽然刘氏庄园规模比较庞大，博物馆里也展示了一些精品，不过，就建筑和园林设计建造特色来看，它还不算十分出彩。

在地主建的庄园里展示地主奢华的生活、地主对农民的盘剥，以及农民租用地主土地的方式和应交租的比例等，能够让现在的参观者很容易地体会到古代农民生存的艰辛，具有良好的教育价值。刘文彩大概不会想到，他多年掠夺剥削人民钱财建造起来的豪宅，如今成为人民控诉他罪状最有力的证据和最直观的地方，成了生动的反面教材。

## 主人的人生观

来到云南大理的喜洲古镇，人们大多会去参观严家大院。严家大院始建于1907年，占地面积2478平方米，是当时经茶马古道转运沱茶等货物到国内外（特别是缅甸等东南亚市场）而致富的严子珍所建。这座大院除了陈列有反映严家富裕之状的家具、金钱、摆设之外，最突出的特点，应该就是它包含的几个院落集合了当地白族民居"三坊一照壁""四合五天井""走马串角楼"等几种典型的建筑格局，而且后院还悄然矗立着一栋独立的西式风格的别墅洋房，门口还建有白族典型的飞檐翘角、装饰繁复的门楼。另外，严家大院的木雕、石刻、泥塑也代表了当地较高的水平。木雕方面，大院拥有100多扇格子门，以及250多扇满堂雕花和部分雕花的美女窗。

最让我关注的是，大院里一个门头上写着"大夫第"，另一个门头上写着"司马第"。据记载，当时清政府授予了严子珍一个"同知"的五品官衔。在晚清，他的这个职位也可能是通过捐纳得来的。由于"同知"雅称为"司马"，且五品及以上官员又称为"大夫"，所以虽然是五品，却可以同时享有"司马"和"大夫"两个称号，挂在会客厅的门上显得相当有"档次"（但实际上捐款的数额估计并不会很多）。

大院里一面照壁上写着"风流翰苑"四个字，加上满院梁坊上挂的匾额，这些多少可以反映出严子珍心底存在着的"儒家"情结。当然，这种情结也体现在他的经商和为人上，或许这也是他能把生意做大做强的一个重要因素了。喜洲古镇一直有"立学育人"的传统，即使茶马古道的繁荣令喜洲商帮兴盛了起来，但敬教劝学的风气在喜洲就没有改变过。这也可以解释严子珍的大宅里为何到处散发着儒学的气息，因为单纯拥有财富，在当地人看来依然不足以说明这户人家有素养，他们也就不足以在当地享有崇高的声望了。

当我们欣赏这些大院庄园时，透过建筑等硬件和字画雕塑等软装，不仅可以了解当地的建筑特点、当地人的整体价值取向、当时的社会和文化发展情况，而且还可以了解屋主个人的某些价值取向和人生观，以及他对财富、社会地位、品德等方面的追求。

## 三座古豪宅

古代豪宅庄园能完好地保存至今的已经不多了，往往一座古村镇就只存有一座最典型的古豪宅庄园。而这一古豪宅庄园的建造者，也一定是古代在当地极具影响力的人，至少是富甲一方的人。鉴赏这座古豪宅庄园的硬件，体会建造者的本意，是我们迅速了解当地历史文化的捷径。

云南省大理州巍山县东莲花村的马家大院，占地面积约6000平方米，是民国时期当地马帮的大头目（当地称"马锅头"）马如骥的故居，目前也作"东莲花马帮文化博物馆"使用。这座大院除了有大理当地典型的民居样式外，还建有一座碉楼。院里的照壁上写着"世守清真"四个大字，加上门楼的颜色等，体现出了大理传统文化和伊斯兰文化的和谐并存。还有一幅保存完好的《上海街景》彩色壁画，再现了当年十里洋场上海滩的独特风貌。从马家大院，人们可以了解古代物流业"马帮"的行业特点，可以了解回族文化与当地文化的融合情况，还可以看到马帮商人开阔的眼界以及其对现代化生活的向往和憧憬。

四川眉山市洪雅县柳江古镇的曾家园，建于民国时期，原占地11621平方米，大院主要由四座四合院和三个戏台组成，院中有观景台、八字龙门、小姐楼、书房、石牌坊，另外还有牡丹园、荔枝园、休闲亭等。曾家园主要由曾艺澄历经十年而建成。前院、中院、内院三座戏台分别供雇用的人及群众、女眷和丫鬟，以及老人、主人和内眷观看。可见，曾艺澄就是个戏迷。他自己是清末秀才，他的富有首先是他爷爷进士出身做过巡抚，再加上他的父亲经商有道累积下来的。据说他一生最大的爱好就是修房造屋，还对西方科学技术很是向往（内院房屋的窗户采用了西洋风格），而且为了让整个园区的平面看起来像个繁体的"寿"字，他把靠外的墙或楼建造得如锯齿般，一拐一弯的。另有传说，他之所以在院内大建园林，是因为他不允许小老婆出去抛头露面，所以建园唱戏，只为让她久待在院里不会闷。他和这位小老婆都爱吃荔枝，于是干脆从四川其他地方移植来荔枝树，在院里建成荔枝园。可见，一座庄园的构建，从坐向、规划到配套、建筑，基本包含了当初修建者的兴趣爱好以及使用者的特别需求。

广东罗定市黎少镇梁家庄园，始建于清咸丰年间，历经三代人，终于1914年建成。其主人梁胜泉，从小商人发展到成为集地主、官僚、资本家于一体的风云人物。庄园占地面积6.6万平方米，共有26座大屋、6座炮楼（碉楼）、4个大粮仓、1个私塾和1处私人码头。据称，当时的梁家在附近几个镇拥有一万多亩田产和100多家商店。目前，容易看到的就是当时供居住用、由三个小院落联排组成、人称"九座屋"的主体建筑。"九座屋"很规整，但我没看到内里规划有多少园林绿化面积。屋旁边有一座大粮仓，里面有个大晒坪，门口矗立着一座五层楼的碉楼。梁家庄园看不到有如"戏台"等的娱乐设施，也没有园林等休闲设施，而且建筑上也没有特别精美的工艺（也有人说是被人毁坏了），可以推测，这位主人当年大概把心思都用在"赚钱"上了。

## 岭南四大园林及其后代

其实，离罗定梁家庄园不远的佛山、广州、东莞等地，就建有顺德清晖园、佛山梁园、番禺余荫山房和东莞可园等著名且精美宜人的古代"岭南四大园林"。这岭南四大园林古代时都是私家园林，应该也是不允许外人进入参观的，但也反映出清末珠江三角洲地区不乏"懂得享受生活的人"，也不乏能工巧匠。

"岭南四大园林"基本都是举人、进士出身的官宦之家建造的。或许，有文化又擅长诗书的人更加懂得营造优雅舒适的外部环境来满足自身的精神需求，以激发自己的创作灵感，同时也让后代在庄园中得到良好的环境熏陶。值得一提的是，他们的后代确实也大多考取了功名，或在诗书上达到了较高的造诣。

佛山顺德清晖园，由乾隆年间的进士龙应时购得旧址，到1806年，他的后代、进士出身的龙元任对旧址进行扩建，改称"清晖园"。在历经一百多年的建设后，最终集古代建筑、园林、雕刻、诗书、灰雕等艺术于一身，成为今天的中国十大园林之一。

佛山梁园，由当地诗书名家、清嘉庆十九年（1814）进士梁蔼如及其侄子历时五十余年建成，园内宅第、祠堂与园林浑然一体，造园组景不拘一格，追求雅淡自然，园内果木成荫，富有岭南水乡特色。

广州番禺余荫山房，由官至从二品、举人出身的邬彬于清同治六年（1867）开建，历时5年建成，占地总面积约1598平方米，以小巧玲珑、布局精细的艺术特色著称；而邬彬的两个儿子也是举人。

东莞可园，由武官出身又偏好金石书画的张敬修于1850年回乡建造而成。可园将住宅、庭院、书斋等元素艺术地糅合在一起，2204平方米的土地上，亭台楼阁、山水桥榭、厅堂轩院一应俱全。

它们虽然现在归为"园林"，对公众开放，但在古代，其实就是妥妥的私家豪宅庄园。

## 豪宅的舒适度

广东汕头前美村陈慈黉故居，建于1910年至汕头沦陷时的1939年之间，占地面积2.54万平方米，主要建筑包括郎中第、寿康里、善居室和三庐书斋等。

该故居的特点，一是建筑物占地面积大（但除了用于晒稻谷的大面积禾埕外，也没有什么园林），共有厅房506间（据说以前陈家专门负责开关窗门的佣人，每天清晨开窗，开完所有的窗后又开始关窗，当所有的窗都关上了时，天也就黑了）；二是中西合璧，主体是潮汕大型民居院落设计，四周则糅合了两层的西式洋楼，通廊天桥，萦回曲折；三是采用各式进口釉面瓷砖近百种，装点了门斗、墙面和地面；四是窗罩多采用西方石膏泥塑和灰塑，几何图形，典雅端庄。

该故居主要是由旅外侨胞、属富二代的陈慈黉晚年时回乡建造的。他没有设计图纸，工匠都是从乡里请来的，全凭他随心所欲地口头指示，有时一堵墙、一扇窗就要推倒重来几次。在大院内，我感受最深的就是这座宅院的端正开阔，让人感觉风和日丽、心境舒畅。这是环境对心境所产生的正面作用。汕头人将其纳入汕头八景之列，取成语"惠风和畅"之意，美其名曰"黉院惠风"。

因此，品鉴一座庄园宅院，不仅要看其实际的建筑和景观，更重要的还有人在里面所感知体验到的舒适程度。

## 内中而外西

### （一）

广东大埔县百侯古镇的肇庆堂，又名"敬修衍庆"，占地面积3200平方米，是由杨荫垣、杨俊三兄弟从1917年开始历经三年建成的（据说是他们在汕头做药材生意发达后建造的）。

肇庆堂有几个特点，一是中西合璧，建了一栋堂横屋组合式的客家围屋，还建有一栋独立的两层西式洋楼，两者同期建设并先后落成；二是配套比较好，前有大晒坪，后有一半圆形后花园；三是建房时选取了优质石材、木料，并从各地请来建筑、雕刻、绘画水平精湛的工匠进行施工，建造西式洋楼时还特地聘请外国人前来监工；四是有名人题字，正堂的横匾"肇庆堂"三字由张发奎所书，下堂的横匾"人登寿域"由陈炯明所书。可以想象，能拿到当时广东两位军政要员的手迹挂在厅堂之上，杨家兄弟在镇里该炫耀得意一阵了。只不过，商人出身的他们大概不清楚这两位军政要员的政治立场，也无法预判这两位军政要员的权力是否稳固。

对在明清时期就出了23名进士、至今仍存有百座府第式古建筑的百侯古镇而言，杨氏兄弟用豪宅庄园和军政要员的手迹来光耀门楣，似乎是在告诉家乡人：到民国时期，科举登第已经不再是光宗耀祖的唯一方式了，经商同样可以拥有比较高的社会地位（虽然他们还须要依靠军政界要员的手迹来提升自己的社会地位）。

## （二）

据我观察，在民国时期，全国许多地方的豪宅或多或少都从国外进口建筑装饰材料和水泥等结构材料，建筑风格取中西结合，即主体格局用中式，装饰或次要建筑用西方材料和西式文化元素。这多少反映出当时人们对西方先进科技成果和强大经济实力的崇拜、对西方文化和制度的向往，以及在审美情操上发生的转变。

不过，这些豪宅的主体也保留了当地传统的建筑风格，且受中华传统民俗文化的制约。毕竟，这些豪宅的主人作为中国人，从小有自己的生活习惯，也多少要顾及乡里乡亲们的评判眼光——总不能花巨资建造的豪宅被乡里人视为另类而被全盘否定吧！那样的话，可就跟他们建豪宅自己享用且要荣耀乡里的初衷相悖了。所以，民国时期的豪宅多是"内中外西"的，即主体功能空间的布局设计还是采用中式的、当地传统的样式，而西式的建筑装饰只是锦上添花。

## 衣锦还乡

20世纪前后的广东,许多华侨出洋创业谋生,大多都怀有衣锦还乡的梦想。发达后,也都想回到家乡盖座新房,既可以给自己住,也可以给亲人住。有些自己没空回国的,就寄钱让家里的亲人帮忙建造。这些人当中的出类拔萃者,便在家乡建造起占地面积较大的豪宅庄园,只是他们中的许多人一生最终也没有剩下多少时光在豪宅庄园里度过。

对许多出身穷苦、外出经商后发达的人来说,在家乡建设豪宅庄园,无疑是他们认为的人生成功的标志,是财物和地位的象征,是他们从小的梦想。进一步讲,建豪宅庄园本身不会损伤当地民众的利益,而且还要大量雇用当地民众和工匠,是件"利己"但不太可能"损人"的事,甚至还多少能促进当地的就业。豪宅庄园建成时,就算兴建者自己没怎么享用,也可以留给自己的后代,或分一部分给家族中的亲朋使用,也算是利人利己的举措了。

广东大埔县西河镇车龙村的光禄第("光禄"是当时的正一品官衔),占地面积4336平方米,建于1908年,是清朝红顶商人张弼士在发达之后,请人在故乡建造的三堂四横一围的客家围龙屋。据说他的资产高达8000万两白银,而当时清朝国库年收入才7000万两白银。如今光禄第成为当地的旅游景点,许多游客以为这里是张弼士的故居,但其实他小时候住的故居可能都不存在了,而且光禄第建成后他一次也没有回来看过。

广东梅州市南口镇侨乡村的南华又庐,占地面积1万平方米,建于1886~1904年,由旅印尼华侨侨领潘祥初出资兴建,是一座庞大的两层客家围屋建筑,共有164间房,后排枕屋46间,除这些之外,还有前门坪和后花园。据说潘祥初只在建设南华又庐期间回来看过一次,建成后也没有来住过;但他的后世子孙多在这里生活成长,最鼎盛的时候光帮工就有一百多人，这座大宅里也出生成长了多位博士及科学家。也就是说，南华又庐的规模大是有其实用价值的。值得一提的是，南华又庐所在的侨乡村，现保存有20世纪40年代前建造的客家民居80多座（其中不少是华侨回乡建造的华侨屋，所以才有"侨乡村"这个村名），形制丰富多样。这些古民居就散布在山脚和田园之中，呈现出一派安谧的田园风光景象。如今，村里的居民还有6000多户，大部分古民居里都还有人居住。

## 留名于后世

我们现在看到的这些古豪宅庄园能够保存至今，大多都经过维修保护，有的还是省级以上文物保护单位。不少豪宅庄园还曾经作为学校等公共建筑或行政办公用房使用，其被使用的同时也是受保护、维护的过程。当然，这首先基于它们的规模足够大，且建筑结构结实。

古豪宅庄园的主人和后代，由于时代更迭，或是政治、战争等原因，大多早已经离开宅院远走他乡了。奢华的宅院，有的是兴建者经济实力的标志，有的却也成为兴建者豪夺剥削的"罪证"。但无论如何，当这些豪宅庄园一旦被保护开发成为参观景点，那么当初兴建者耗费巨额资金、消耗大量时间精力建设起来的独具特色的宅院的价值便得到了延续。只是，它现在的价值不仅是居住，也不仅是由兴建者的家人使用，还有了学习、考察、欣赏、休闲等价值。

今天，当我们迈进这些古豪宅庄园的大门，了解豪宅建造的历史背景及其技术和艺术成就，欣赏并体会了豪宅的美时，其兴建者的名字和故事也缓缓浮现，萦绕在耳边。他们居住在里面的后代，更会对兴建宅院的先祖感恩怀念，在中堂高挂其像以示纪念。

Yang Zheng Family School
양정서당(養正書塾) | L'école à la maison Yangzheng

山西灵石王家大院养正书塾的门框石雕

有时，一座古豪宅庄园，就是游客来该古村镇游访的全部目的地。当然这里有个前提，就是这座宅院要么由政府或旅游公司管理并开放参观，要么由其后人居住和所有，且其后人愿意让外人进来参观。从这个角度说，这座古豪宅到今日多少还能为振兴乡村城镇的经济、提高其知名度做出贡献！

## 建不得也买不得的豪宅

从上面的介绍来看，有钱修建豪宅庄园是一件很不错的选择，特别是那些精巧、舒适的宅院更显突出，其近可以供自己家人和后代使用，远还可以流传后世以使自己的名声传于百年之后。但其实也不尽然！在我看来，两种情况下的豪宅庄园就建不得，也买不得。

一种情况是，修建豪宅庄园的资金，是违法或伤害群众利益而获取的。这种情况下，宅院建得越大，说明其兴建者违法伤民越严重，修建者就会被世人唾骂得越厉害，其名声也就越臭。这种宅院流传越久，臭名就流传得越久。

另一种情况是，为了修建或购买豪宅庄园，要么在赚取资金的过程中，要么在修建豪宅庄园的过程中，过分地耗费了兴建者自己的生命时光和资金。前面所列举的不少古豪宅庄园的兴建者，好的情况是宅院建好后在此颐养天年，过好了人生后半段的二三十年；不过，更多的人自己并没有享用多少时光，甚至一次都没有去住过。所以，只有当自己的资金实力能轻易支付修建或购买豪宅庄园的时候，宅院才能为自己所享用。否则，便是人的一生反过来被这所宅院消耗了。

一所宅院，就算占地一万平方米（标准足球场面积为7140平方米），比起天地山川之大，也不过是沧海一粟；一所宅院，就算极尽当时当地的能工巧匠，精雕细琢，其实过不了多久也都会产生审美疲劳，更别说宅院之外那景象万千的大地与人间了。

所以，许多有智慧的大富豪明白，将自己多余的财物用来做公益事业，其实更能让自己有精神上的享受，也能让自己的后代继承一笔宝贵的精神财富。比如自己的大笔资金不是用来建豪宅享受，而是拿去建学校的陈嘉庚、田家炳、邵逸夫等人便是如此。那一座座学校，其实就是他们财富凝结的一座座丰碑，足可以光耀上百年，永留芳名于人世间。

## 陋室与富有的精神

一些精神很富有的人，即便住在简陋的地方，也不妨碍他们迸发出耀眼的思想光芒，时光会将他们光辉的思想与人格传颂上千年。

东晋的陶渊明，因为厌倦官场生活而解印辞官归隐，农耕之余也专心做文学创作，写下了《桃花源记》，还有著名的《归园田居》：

> 少无适俗韵，性本爱丘山。
> 误落尘网中，一去三十年。
> 羁鸟恋旧林，池鱼思故渊。
> 开荒南野际，守拙归园田。
> 方宅十余亩，草屋八九间。
> 榆柳荫后檐，桃李罗堂前。
> 暧暧远人村，依依墟里烟。
> 狗吠深巷中，鸡鸣桑树颠。
> ……

他有"方宅十余亩，草屋八九间"，看似是座大庄园，但他盖房的地方明显处于荒郊野外，加上当时人口不多，土地很便宜，价值并不高。可惜最初的这些草屋只存在三四年，便毁于火灾。如今世人推崇的，不是他所修建的草屋庄园，而是他远离案牍去开荒种田的怡然自乐，以及他创作的许多脍炙人口、令人神往的田园佳作。不得不说，可能是纯粹的田园生活和环境，让陶渊明的心境更加纯粹与沉静，他才得以有机会观察并将思绪凝聚笔端喷薄出一篇篇流传千古的文学佳作。

再说杜甫，761—765年，他为避唐朝安史之乱来到成都，在友人的资助和帮助下，在浣花溪畔修建茅屋居住了近四年。据统计，这期间他写了240首诗，其中既有写景物的《绝句》（两个黄鹂鸣翠柳，一行白鹭上青天。窗含西岭千秋雪，门泊东吴万里船），又有叙事兼抒发忧国忧民崇高思想境界的《茅屋为秋风所破歌》（……安得广厦千万间，大庇天下寒士俱欢颜！风雨不动安如山。呜呼！何时眼前突兀见此屋，吾庐独破受冻死亦足）。在《茅屋为秋风所破歌》中，他的思想和目光超越了眼前的风花雪月，超越了自身茅屋被秋风吹破的困境，反倒关心起乱世中的天下寒士来，希望广大平民有安稳的房屋可以居住避寒，哪怕自己的茅屋被破坏、自身受冻也不在乎。于是，从唐末开始的历朝历代，一路都有人在当地帮他把茅屋重新盖起来以纪念他。我想，人们所纪念的，并不只是诗人杜甫，更包括那以茅屋为象征的忧民利他的高贵人格。

再说唐朝后期的刘禹锡，824—826年被贬至安徽和州县当一名刺史。知县故意刁难他，在半年的时间里强迫他搬了三次家，面积一次比一次小，最后仅剩斗室。开始先安排他在城南面江而居，刘禹锡一下子就注意到了江景的美，于是写下两句诗贴在门上："面对大江观白帆，身在和州思争辩。"知县知道后很生气，吩咐衙役把刘禹锡的住处从南门外迁到县城北门外，面积由原来的三间减少到一间半。谁知新居位于河边，附近垂柳依依，刘禹锡仍旧能发现美。于是他又在门上写了两句诗："垂柳青青江水边，人在历阳心在京。"知县见其仍然悠闲自乐、满不在乎，于是又派人把他调到县城中部，不想让他看风景，而且这次只给他一间只能容下一床、一桌、一椅的小屋。不过，刘禹锡还是很快从中找到了陋室的优点——地处城中，方便友人到访。于是他提笔写下那篇千古名文《陋室铭》，并请人刻上石碑，立在门前：

山不在高，有仙则名。水不在深，有龙则灵。斯是陋室，惟吾德馨。苔痕上阶绿，草色入帘青。谈笑有鸿儒，往来无白丁。可以调素琴，阅金经。无丝竹之乱耳，无案牍之劳形。南阳诸葛庐，西蜀子云亭。孔子云：何陋之有？

他说自己品德高尚，名声在外，友人很多，谈笑有鸿儒，住所还方便朋友一起休闲娱乐。这石碑一立，估计知县又气得不轻。刘禹锡有如此豁达高远的心境，与他数十年宦海沉浮、荣辱不惊的人生经历有关。而从这个故事也可以看出，房屋宅院的大小与心情的愉悦程度并没有太大的关系。

一座不可移动的宅院，赋予人的主要是其使用的价值和财富的价值，而非精神或名气的价值。而人一旦在精神上富有起来，那么像豪宅庄园这样的身外之物，便显得渺小起来。

虽然必要的物质基础和居所是个人和家庭生活的基本条件，但这个居所可以在市区，可以在郊区；可以在城镇，可以在乡村；可以大，也可以小。大家根据自己和家庭的情况去购买或租用就好，无须攀比，也不必炫耀。因为房屋再大，终不过是大地的一个小点，何况时光对每个人来说，都是公平的。

# 04　古名人故居

除了拥有豪宅庄园以外，不少古村镇就是某位历史名人的故乡，村镇里还存有这位名人的故居；也有的古村镇是某位历史名人曾经活动或居住过的，村镇里可能还存有这位名人活动或居住过的场所或故居。

这些名人大概可分为两类，一类是对当地历史或文化产生重大影响的人，一类是对其他地区甚至是全国产生重大影响的名人。

## 对当地有影响的人

对当地的历史或文化产生重大影响、做过某方面重大贡献的人，通常也参与构建了当地人的价值观或民俗民风，且对当地人的价值取向、品德、功绩事业等形成了正面的牵引力。当地人之所以保留这位名人的故居并将其开放展示，其实就已经说明，当地民众对这位名人的正面评价大于其负面评价，同时也希望外来游客能通过这位名人，了解当地曾经辉煌的历史文化。

老家有句古话，叫"山山有龙脉，处处有能人"。当我们参观游览当地名人的故居，并多少表现出敬重之意时，我们便很容易与当地人取得某种价值观上的交集，自然也能拉近彼此的心理距离。

在贵州铜仁苗王城里，有一处明朝时当地苗王吴黑苗的故居。传说吴黑苗和其他几位苗族首领曾经以苗王城为军事指挥中心，前后抗击明军多年，迫使明王朝在湘黔交界的腊尔山区修筑了一条长达380多里的"苗疆边墙"（现在称为"中国南方长城"）。我们参观这位苗王的故居，可以说就是在阅读一段历史，也是在解读当地人的某些价值观。于是，我特地在他故居附近，租用了一套当地苗人穿着的深蓝色服装，拿上大刀和长枪等道具，拍了三张照片。这么做，是想表达我对苗族文化的热爱、认同与尊崇（其实我对中华所有民族的文化都是如此）。

## 对全国有影响的人

对其他地区甚至在全国都产生了重大影响的名人，多是在政治、军事、文化、科技、体育、艺术等各领域做出突出贡献的人（古代一些富商也算名人，他们在故乡营建的豪宅庄园，则不归入本节的内容），这类名人本身知名度较高。人们慕其名前去名人故居所在的古村镇，首要的目的就是去当地寻找、参观、游览、考察这位名人出生、成长的环境，感受并体验当地的文化和民风，从而解答心中的一些疑问，找到名人故居环境与这位名人后期成就的关联，从而让自己从中获得某种认知，学习到名人的某种品质（因为这里可能就有这位名人品质、性格的根基，这里可能就是他追求人生理想、实现人生价值的出发地）。

广东大埔县银滩村，整座村庄坐西朝东，面向从福建闽西和粤东北奔涌而来的广东的第二大江——韩江。这个村庄并不十分有名，许多人来这里的目的大概跟我一样——寻访著名慈善家、被誉为"中国百校之父"的田家炳的故居拱辰楼。

银滩村的房屋大体沿着与韩江平行的山丘线形分布，村庄与韩江之间隔着一条公路和一片田园。白天，白墙黛瓦点缀在青山腰，那是一幅静谧舒心的岭南田园民居风光画。夜晚，当村里的路灯加上数十户人家的灯火同时亮起绵延在青山前时，恍如天上群星散落乡间，闪亮而悦心。

田家炳的祖居拱辰楼就坐落在此。拱辰楼西南背靠山脉，前方朝着韩江的来水方向，是当地典型的客家民居"下山虎"的造型。拱辰楼侧后面是独立的雅致秀巧的万卷楼，为其家族的书斋。

拱辰楼是田家炳的高祖父于1796年开始建造的；其曾祖父曾被授为儒林郎。1919年，田家炳便出生于此。他在家乡读了小学和中学，16岁丧父后，不得不承父业从商，肩负持家重任。他17岁迈出家门，到越南推销瓷土（当地高陂镇是青花瓷之乡），20岁转往印尼从事橡胶工业（客家人在印尼发达的很多），后在香港创业成为"香港皮革大王"。1982年，他捐出10余亿元成立纯公益性质的"田家炳基金会"（要知道那时国内许多人的工资才几十元）。2001年，田家炳更是把住了37年的别墅卖了，继续捐资助学，自己则搬到别墅旁边的公寓楼，成为"租房"一族。到2018年，田家炳在中国范围内累计捐助了93所大学和200多所中小学，另外还捐建了多处医院、道路、桥梁等。

夜晚，我站在银滩村前的韩江边环顾四周，心想，年少时的田家炳应该能仰头望见比如今更加清晰亮丽的星空吧，配合韩江上繁忙的渔火和民宅里昏黄的灯光，加上屋前平坦肥沃的田园中飘散出的稻谷菜花之香，以及屋后山中树林的鸟叫虫鸣，他几乎每天都能欣赏到这美妙的粤东客家乡村画卷和畅想曲。拱辰楼斗门上写的"儒林郎第"四个字，让他多少肩负了祖辈科考登仕、光耀门楣的愿望，而他又不得不顺应当时时代的潮流和家庭的重任承父业从商。这样一位在有着政、学、商家族背景中长大的人物，加上命运的造化，注定有着不平凡的人生。

出走多年后，或许他没有忘怀的，是万卷楼那些还未读的书，是银滩村美妙的山水田园风光，或许他牵挂的，还有家乡人民的生活过得是否美好，家乡孩童们能否获得优质的教育。于是，从1982年开始，他通过捐资助学，让祖国更多的儿童实现他自己当年未竟的读书梦想。他知道，只有培养更多的人才，让儿童们上更多的学，才是让家乡山水更美、人民生活更好的长久之计。而我能肯定，他大善大德的品质之根源，一定有很大部分来自他的故乡，特别是他居住了16年的故居，以及家长和乡亲们对他的教育和影响。

值得一提的是，发达之后，田家炳并没有把拱辰楼扩建成豪宅庄园，而是通过捐资做善事，实现了他财富更高层次的价值——不仅造福于自己的家人，而且造福于更多的人，为家乡和祖国培养优秀人才。如此，他的财富并没有消失，而是绵延于后世。而他的人生价值，也会因此而延续。他是名人，但将被历史记住的，不是他曾经拥有的"香港皮革大王"称号的成功商人形象，而是他的慈善事业。他赢得了国人的尊重与怀念，人虽已逝，但精神永存。

## 从故里解读名人

在广东中山市翠亨村的孙中山故居纪念馆，这里有1892年孙中山主持建成的现孙中山故居。孙中山1866年出生的房间，就在现故居院子里的水井旁，院子里还生长着一棵后来他从美国檀香山带回树种栽种而成的酸子树。

广东中山翠亨村的中山故居

四川广元邓小平故居旁老井（井水永远比井面高60厘米）

其故居周围原翠亨村村民的房屋，也保留下来作为"翠亨民居展示区"。来到这里我才知道，原来当时翠亨村以杨姓和陆姓为大姓，占有村里的绝大部分土地，而孙家在村里仅仅才6户。

孙家在翠亨村世代务农。孙中山一家靠租耕田为生，孙父还要兼职做更夫和裁缝。六岁时，他就随二姐砍柴、割草、拾取猪粪。幼年的孙中山很少穿鞋子，也很少吃到米饭，常以番薯充饥。年纪稍大一些，便要跟随父亲下田插秧、除草、打禾，农闲时还跟随外祖父出海捕鱼挖蚝。因家贫买不起耕牛，孙中山每年要替人放几个月的牛，以换得牛主同意借牛帮孙家犁翻那两亩多租佃的田地，所以才有了孙中山立志要让"中国的儿童应该有鞋穿、有米饭吃"的宏愿。也因为孙家在村里户数少，因而他时常受大姓和地主家小孩的歧视和欺负；但他却富有反抗精神，因为敢于斗争，他在村里有个"石头仔"的外号。

在其故居门前有一棵榕树，小时候的孙中山经常在树下听一位参加过太平天国运动的冯姓老人讲太平天国领袖、广东花都人洪秀全起义反清的故事。孙中山常常听得十分认真，对洪秀全充满了崇仰之情，在和村中小孩玩游戏时，他常以"洪秀全第二"自居。这件事对他后来推翻清朝统治，应该多少起到积极的影响。

孙家的发达，主要靠他的哥哥孙眉冒险到美国檀香山艰辛创业，拥有了自己的农场。孙眉资助孙中山进私塾读书，两年后，孙中山13岁时出国到美国教会学校读书，后来又回国在广州和香港学医。这让孙中山很早就接触到西方文明和制度，为他坚定革命信念、创建革命主张打下基础。在翠亨村，我还爬了村后方颇有气势的犁头尖山，知道孙中山小时候有个乳名，竟然叫"帝象"！

由此可见，故居和故乡，以及故居周围的人和事，对孙中山日后成就一番伟业奠定了许多基础。与其说如今是孙中山的名气让翠亨村扬名四方，吸引我们的到访，倒不如说是当年的翠亨村及孙中山的故居，以及当时他遇到的人和事，成就了后来扬名四方的孙中山。

所以，来到伟大人物的故居和故乡，我们多少可以对他们后来所从事的主要事业、取得的主要成就及主要的思想主张有更深刻的理解和解读。我们游访名人故乡的故居，尝试了解、还原名人在故居、故乡的生活和轶事，其实是在帮助我们更好地解读名人，并期望从中能获得宝贵的人生经验、思想或品质。

## 近代名人多出自古村

近年来，许多历史名人的故乡纷纷设立以该名人之名命名的故里景区，景区中一般会有名人的故居和纪念馆。当我们来到名人的故居或故乡，看过名人曾经看过的风景，走过他曾经走过的路，便与名人有了某种交集。这让我们能更好地理解名人一生的取舍、选择、主张与成就，从而扩大了我们的视野与胸怀。几年来，我先后到过的一些名人的故居有：

广东省梅州市梅县区雁洋镇虎形村叶剑英故居；
四川省南充市仪陇县马鞍镇琳琅村朱家大湾朱德故居；
四川省广安市广安区协兴镇牌坊村邓小平故居；
湖南省韶山市韶山乡韶山村毛主席故居；
湖南省宁乡市花明楼镇炭子冲村刘少奇故居；
湖南省湘潭市湘潭县乌石镇乌石村彭德怀故居；
湖南省浏阳市中和镇苍坊村胡耀邦故居；
湖南省娄底市双峰县荷叶镇天坪村曾国藩故居；
湖南省岳阳市湘阴县樟树镇巡山村柳家冲左宗棠故居；

湖南省湘潭市湘乡县龙洞乡泉湖村杨吉湾陈赓故居；

湖南省衡阳市衡东县荣桓镇南湾村新大屋罗荣桓故居；

湖南省邵阳市洞口县山门镇蔡锷公馆；

广东省广州市花都区官禄布村洪秀全故居；

广西壮族自治区桂林市临桂区两江镇浪头村李宗仁故居；

广西壮族自治区梧州市龙圩区大坡镇料神村李济深故居；

……

来到这些名人的故居，有时间自然也要游访一下当地的古村镇。我发现，以上提及的这些名人，无一例外都出生在乡村里！这背后多少蕴含了某些道理，比如，乡村里出生成长的人更具备吃苦耐劳的精神，更能体会普通民众的需求，与广大民众有着更多的共同语言，等等。

从这些角度来看，如今在城镇化进程中的城市里出生成长的青年，是不是有必要多到古村镇里走一走，至少有必要回到自己父辈或祖辈出生成长的地方，到乡土民间接受阳光的照射，吸收乡野的气息，从中获得一些人文的滋养以充实自身的能量。其实，许多潮流下沉淀的经典，就保存在繁华的远端，在古村镇中！

特别当你回到祖辈生长的古村镇时，或许很快就会发觉，你所苦苦执着的事物，有时不过是潮流下的身外之物；或许你会很快觉得释然、淡然，从而感到轻松愉快，身心也会更加健康。

# 05 古公共建筑

## 古书院建筑

书院是私人或官府所设的聚徒讲授、研究学问的场所，古村镇普遍都建有一些古书院。

湖南永州江永县上甘棠古村的文昌阁东侧，是现在的甘棠小学，古朴的门楼告诉游人，这里原来是村里的书院。可能是有书院的存在，目前有居民近2000人的村庄，一千多年来出过节度使、尚书、宣政大夫、太守、刺使、知州等官员100多人。湖南省郴州市永兴县有个板梁古村，同样是个有近2000人的古村，其村头有一个叫"松风私塾"的书院，600多年来村里走出了七品以上官员和学士竟达300多人。

这两个古村的书院建筑并不起眼，规模也不大，但简朴的书院却承载起了古村数百年人才的培养事业，成为古村的文化核心，串联起一个个乡村达人的名字和足迹，为乡村的发展和壮大提供了源泉和动力。

比起造访村里达官贵人的豪宅，我更愿意轻轻推开古书院的门，俯身迈过门槛，去聆听书院中回荡了数百年的琅琅书声，静心感受书院墙壁上透出的文气。再带着这样的文气到村里走一圈，或许就能更好地品读这座

湖南洞口县山门镇尹氏宗祠

湖南永州上甘棠村步瀛桥

古村了。

我还到过湖南长沙的岳麓书院、湘乡的东山书院、醴陵的渌江书院和衡阳的石鼓书院。只是这些书院并非设在古村镇里，其辐射的区域更广，且大多具有官办性质，不是本书所要探讨的范围。

## 古会馆建筑

许多古村镇在古代就是区域的商贸重镇，不仅有本地人，也会吸引外地的商人或移民前来做生意。一旦外来的商人或移民人数多了，就可能设立兼具同乡信仰和商会性质的会馆。会馆往往是众人集资建设的公共建筑，有时还有攀比性。因此，这些会馆建筑即使不是极尽奢华，但也一定代表了一方移民和商人其故乡的艺术和技艺的较高水平，有比较高的参观欣赏价值，现在往往也就成为当地的名胜，成为古村镇重要的地标建筑。

在古代，会馆一般不直接以移民或商人的籍贯地命名，而是依移民或商人籍贯地的主要信仰命名为"××宫"或"××庙"，比如江西会馆多命名为"万寿宫"，湖广会馆多命名为"禹王宫"，广东会馆多命名为"南华宫"，福建会馆多命名为"天后宫"，山陕会馆多命名为"关帝庙"。如今，许多古镇中还保留着"宫庙"的名字，然后在门口立个标识牌进行解释，开头便是"万寿宫，又名江西会馆……"

带有同乡会馆性质的宫庙，在我所到过的四川、贵州、湖南、广西等地区的许多古镇，都或多或少地出现并存留至今，且大部分都修复成为当地供游客观光游览的名胜古迹。这些地区的会馆建筑大量出现，主要跟明朝洪武年间的"江西填湖广"和后来清朝康熙、雍正年间的"湖广填四川"两次大移民密切相关。

古代没有便捷的交通工具和舒适的住宿条件，移民们开始迁移时也大多是生活拮据的百姓，他们变卖所有家产，拖家带口，义无反顾地出发。一路上风餐露宿，日晒雨淋，还会遇到老虎等野兽出没，加上没有导航，可谓前路茫茫、生死未卜。风险越不可控制，古人就越信仰神仙。

他们启程之日，一定会到乡里附近最灵验的神庙里祈祷，甚至发愿，说如果将来能平安到达，且能安居发达，定会答谢神恩。所以，当移民在当地落脚，占有了土地，播种有了收成后，他们要么朝着故乡的方向拜谢，要么托人回乡还愿，要么亲自回到故乡拜神还愿。想着日后祭拜方便，有人便请了神祇带回移民地供奉。

当同乡移民数量多了，且大家都有同样的愿望的时候，其中某一位或几位诚心且资金雄厚的移民就会带头发起建设宫庙的捐款，并从故乡请来工匠、运来材料，择日施工。

可以想见，当宫庙落成之日，同乡移民定会相约前往祭拜。同时还在神庙前方搭建起戏台，请来家乡的戏班用家乡的方言演戏，自然还会在宫庙里面或门前的广场上举办宴席，桌子上所摆的或是家乡的特产，或是家乡的菜肴。他们用外人听不太懂的家乡话互诉乡谊，排开八仙桌，或喝上一杯家乡的清茶，或温上一壶家乡的醇酒，赏月高歌。移民们似乎只有在同乡宫庙里，看着熟悉的神像，听着乡音，才能再次体会到重回故乡怀抱的熟悉感和安全感，内心也变得踏实安稳起来，对未来的生活因而有了更多美好的憧憬。

这样的宫庙，也成为接济后来的同乡移民的临时客栈，接待过许多用光了身上全部盘缠又举目无亲初到当地的老乡。此时，宫庙里的老乡除了提供人道的帮助外，还会给后到的同乡移民指引方向，或介绍他们到老乡地主手下打工务农，让他们起码能生存下去。

这些移民们逐渐买地扩大宫庙的范围，在设立、祭拜更多神祇的同时，也建起了戏台、两侧的厢房以及供居住的房屋。这样的宫庙，就逐步发展成为同乡会馆。

人口众多且有实力、来自其他地区的移民们也相继效仿起来，建立起以同乡信仰为基础、以凝聚乡情为纽带的移民庙馆。这些同乡移民们在庙馆里互诉乡谊的同时，也开始互通信息，最终发展成为以追求利益为目的的同乡商业团体——商帮。

这就是我所理解的从移民加信仰、到建宫庙、到扩大为同乡会馆、到凝聚成商帮、到成立商会、再发展成为交易市场的西南地区同乡会馆发展的全过程。总结研究这种现象和事物的历史及类型，有利于我们从容清晰地游览各地名胜，进而了解当地的人文和历史。关于这方面的内容，我撰写的《阅读河山——中华文明访思录》一书中"从西南地区古代同乡会馆说起的移民与商帮"一文，将有比较详细的论述。

## 古宗祠建筑

宗祠是当地一个姓氏共同祭拜祖先的地方。在我到过的广东、福建、江西以及湖南南部等地区，宗祠建筑在古村落里普遍存在。

湖南省邵阳市蔡锷公馆附近就分布着不少宗祠建筑，其大多有采用繁复精美彩塑装点的高大门楼（门楼一般有两层多高），门楼的背面往往砌有戏台。

广东和福建的宗祠以及姓氏文化比其他地区要浓厚。其原因之一，是历史上发生了几次汉族的衣冠南渡，他们步步迁徙到了南海边，为了生存发展而不得不联宗抱团，团结对敌，竖起了宗族的大旗。另外还有一个重要的原因，就是闽粤地区几百年来到海外谋生的人比较多，在海外抱团生存发展，设立了各种同乡会和姓氏宗祠，尔后海外华侨精英们在宗亲的召唤下又回乡建设宅院、铺路建桥，同时也捐资修筑祠堂，在衣锦还乡的同时以光宗耀祖。

在广东河源龙川佗城古镇，仅有4万多人口的古镇里就有姓氏100多个，有祠堂40多间。这些姓氏的先祖，有的说是当年秦始皇征伐南越时派过来的士兵，更多的则可能是历代移民的后代。佗城古镇是广东与江西的南北商道，也是广东与福建东西商道的交汇点，还是江西和福建客家先民迁徙的主要暂住地点，因此广播出去的后人回来寻根问祖，在此设立宗祠，让大家有个联络点。

广东潮州龙湖古寨，在宋元明时期是韩江重要的货运码头，曾经繁华多时，其中的来往商人又多来自外地且姓氏繁多。当古寨作为韩江重要货运码头的功能逐渐被韩江下游的庵埠、樟林、沙汕头所取代后，商人的后代也就随潮流发展而迁走了。不过，古寨里的大宅依然存在，仍静静地向游客诉说着当年古寨的辉煌。古寨中心街巷两侧林立着众多姓氏的宗祠，许多从寨里分散出去的后人陆续回来集资重修宗祠，令寨里的宗祠越修越华丽，与街巷深处逐渐破败的老宅形成了鲜明的对比。

在四川、重庆等地，可能因为许多人都是湖广移民的后代，落地生根后更多讲的是乡谊而不是宗谊，所以川渝地区古代同乡会馆更多，而宗祠建筑反而很少。

西南地区古村镇的平民百姓家大多会在厅堂中间贴上写有"天地君亲师"字样的牌位，祖先祭祀走向私人化。这种民俗在四川阿坝州川藏高原上的桃坪羌族寨里也存在，在贵州和广西也很普遍。在贵州黄平旧州古镇的老街上，我便看到了大量经营写有"天地君亲师"字样的木质牌位和神龛的零售批发商家和作坊。

## 古宗教建筑

有人的地方就有信仰。在古代，人们会崇拜那些传说曾经为当地老百姓做过突出贡献的神，或者崇拜某些人物的精神并建祠立庙以作供奉和纪念，于是就有了各类宗教建筑。古村镇里的宗教建筑或神祇发展的历史，大多都贯穿着该村镇发展的历史，甚至成为游子们关于"乡愁"的重要组成部分——孩童时代他们可能就经常跟随奶奶或母亲前去祈福。

据我观察，信仰和宗教建筑的存在，在一些古村落里可能会带给村寨民众一种积极良好的心理暗示，激励村民去获取更加美好的生活。比如，云南西双版纳的每个村落里，都会有一座佛教寺庙；广东连南千年瑶寨的最高处，是瑶族人供奉的盘王神庙；福建客家土楼的中间，很多都会供奉观音……我们可以设身处地地想象一下，如果在古代，一到晚上，没有路灯也没有电器，这些村寨周围是漆黑的山林，耳边充斥着几许虫鸣，或者还有野兽和鸟禽发出的怪异鸣叫。此时，就算天上有皎洁的明月，村寨里还有其他的居民，但各家也基本是分散的，面对大自然的繁杂，人类就显得十分渺小。或许，此时只有村落里神龛前散发出的一缕烛火灯光，才能传递给村民些许的勇气和正能量吧！

古村镇里常见宗教建筑的种类，我简单总结如下：

一是佛教的寺庙和道教的宫观。在一些古村镇里，有时佛、道两种宗教会共存在同一建筑里，但分主祀和次祀的神。

二是清真寺、天主教堂和基督教堂。回族在我国的分布是比较分散且很广泛的，有回族同胞居住的地区大多会有清真寺。至于天主教堂和基督教堂，一般始建于19世纪末20世纪初。当时西方列强用大炮打开了清朝的国门，强迫清朝政府允许西方传教士可以自由到内地去传教。于是，传教士便深入中国内地，到村镇里去修建教堂，甚至还办起了当时比较先进的学校和医院。

三是关帝庙。关公是忠勇仁义精神的集大成者，忠勇仁义又是团队组织要求其中的个体应具备的品质，因此关帝庙在海内外华人所在的地方广布，特别是在内地的古村镇中普遍存在。

四是东南沿海普遍存在的妈祖庙。相传妈祖是护佑船员的海神。在古代，面对茫茫未知的海上气候、岛礁、潮流、海底生物以及航行方向等条件，渔民和船员都需要借助某种信仰以带给自己勇气和定力。

五是古代当地百姓信仰的神。这些神，最初可能是古代的某位人物，因为给当地人民做过贡献，或者品德高尚，或者护佑一方，于是百姓建庙宇、塑神像祭拜，以传承其正能量的精神，同时也给自己某种美好的暗示。

据我观察，古村镇里的这些宗教建筑之所以能保留至今，大概有以下几种原因：一是该村镇位置比较偏僻，不在战略要地或重要城市；二是当地民众有自觉的保护意识；三是这里曾经有重要人物居住过或办公过（比如四川泸定县磨西古镇的天主教堂，因为当年中央红军在旁边的楼房里举行过会议，因而作为纪念建筑保留了下来）；四是因为建筑规模较大、建筑质量好，历史上曾经作为当地政府的机关、学校或医院机构使用，也得以保留了下来。

# 06　古纪念建筑

早于宗祠设立之前就分布广泛的，是叫"祠"的建筑。"祠"是供奉伟人名士的地方，相当于名士伟人的纪念堂。祠一般存在于古城或大的古镇中，乡村里则一般仅有宗祠或神庙。

## 普世公认的精神

著名的成都武侯祠，原来是纪念诸葛亮的专祠，后来合并为君臣合祀的祠庙。有意思的是，历经多个朝代演变，到现在人们并不因刘备与诸葛亮的君臣关系而将其改名为汉昭烈庙，而是用"武侯祠"来指代汉昭烈庙、武侯祠、惠陵和三义庙四个部分。这就说明，诸葛亮因神机妙算的本领和鞠躬尽瘁的精神在后世人们心中产生的影响远大于刘备。

可见，人们建祠纪念某位人物，主要不是因为这个人的功业有多大，而仅仅是出于人们内心由衷的崇敬之情而已。这些祠建筑如果历经多个朝代而不被毁坏，还可以不时获得修缮，那一定说明这个被纪念的人物身上有着一些普世公认的价值、智慧和精神。

在刘备的"创业团队"里，还有另外一位影响力更大、后世帝王追封他的地位更高的人物，那就是被华人在全世界范围广建"关帝庙"纪念、集"忠、义、仁、勇"精神于一身的关羽关公了。

## 造福百姓的功绩

有人统计说，广东拥有中国近一半的祠堂数量。广东祠堂最密集的地方在潮汕地区，但潮汕地区第一座祠堂，并不是纪念某个姓氏的始祖，而是用以纪念韩愈的"韩文公祠"！

韩文公祠位于潮州古城对面的笔架山上，面朝古城而建。北宋时，先是在潮州的夫子庙（即孔庙）里开辟出来一间"韩吏部祠"，后又独立建于潮州古城南七里处，到南宋时才迁到现笔架山上。

南宋以前，岭南地区在中原人看来都是蛮荒之地。把官员贬来这里当官，算是一种惩罚手段（直到北宋，苏轼还两次被贬到岭南地区，分别到了惠州和海南）。唐朝的文豪韩愈因直言进谏，51岁时被贬到潮州当刺史。在韩愈之前，唐朝时也曾有四位宰相被贬潮州，其中状元出身的常衮还在潮州留下"风候已应同岭北，云山仍喜似终南"之诗句。当时已经功成名就的韩愈并没有因为被贬潮州就真的悲观到让他的侄子"收骨瘴江边"，估计来的一路上看到岭南和潮州风景也很不错，民风朴实可教，于是在短短的八个月中，做了驱除鳄鱼、兴修水利、赎放奴婢和兴办教育等四件造福当地百姓的好事。

在韩愈到来之前，潮州只出过3名进士（隋朝才开始科考）；在韩愈到来之后，至南宋时，潮州登第进士就达172名。潮州百姓和后世官员为纪念韩愈，便将山水改姓"韩"——从潮州古城出发，经过湘子桥（以韩愈

广西贺州富川县秀水村状元楼

山西解州关公故里关帝庙

之侄韩湘子之名命名），桥下是韩江（原名恶溪），过了桥便是韩山（原名笔架山），山下还有韩山书院（现韩山师范学院），可谓"一封朝奏九重天，夕贬潮州路八千。八月为民兴四利，换来江山尽姓韩"。

潮州百姓和官员为韩愈建祠，不是因为他的职位有多高，主要是为了纪念他造福百姓的功绩，以及他身上兼具文风和官阶这两个古代官民都崇尚的辉煌亮点。此外，韩愈对后世的当政者没有什么"不良的影响"，也是"韩文公祠"能存续至今的重要原因。于是，在我所写的以潮汕为故事背景的当代长篇寻宝探险小说《千年宋井》中，我也将故事发生的城市命名为"韩阳市"。

## 督促反省的作用

四川南充市有个周子古镇。古镇不大，令我印象较深的是这个古镇名称的由来——北宋理学思想的开山鼻祖周敦颐（号濂溪）曾经在此讲过学！

古镇中有个面积不大、用以纪念周敦颐的"濂溪祠"，祠前有个"爱莲池"。提起"周敦颐"和"爱莲池"，让人不免默念起他的《爱莲说》："水陆草木之花，可爱者甚蕃。晋陶渊明独爱菊。自李唐来，世人甚爱牡丹。予独爱莲之出淤泥而不染，濯清涟而不妖，中通外直，不蔓不枝，香远益清，亭亭净植，可远观而不可亵玩焉。"读完他的这篇散文，我们就能明白，古镇人可能不理解什么"理学"的高深道理，但他们不仅建祠以纪念，还干脆把古镇的名称也改为"周子"，目的就是时刻提醒当地人和官员，听到"周子"就能想到"周敦颐"，知道"周敦颐"就能默念《爱莲说》的句子，默念《爱莲说》的句子就能督促反省自己做人洁身自爱、做事清明廉洁。且不说当地人和官员是否都清廉，单单是这个地名，加上一个"濂溪祠",就足以给前来拜祭的人们和官员以鞭策、督促,让他们自我反省。

## 宣传地方的文章

在湖南永州的零陵古城中,唯一让我看出来有"古"的韵味的,除了石板路,大概就只剩下柳子庙了。柳子庙,又名"柳子厚祠堂"或"柳司马祠",是当地人为纪念唐宋八大家之一的柳宗元而建的祠庙建筑。韩愈是唐元和十四年(819)被贬到潮州当刺史的。此前的唐贞元二十一年(805),比韩愈小5岁的柳宗元被贬为湖南邵州(邵阳)刺史,当年十一月再被贬到湖南永州当司马。永州,其实就是五岭北面的开端部分了。

在永州的十年期间,三四十岁的柳宗元经常借游山观水以排解因仕途受挫而堆积的不满,笔锋犀利,写景状物,多有寄托,著名的就有《永州八记》《江雪》《捕蛇者说》等,他也因心系民众而受百姓爱戴。

一方面,出生在长安、祖上世代为官的柳宗元,见永州的风景与长安相差甚远,这促使他不断地深入腹地进行探游写作,以此抒发思想;另一方面,柳宗元大量描写永州山川民情的散文诗句为永州山水做了重要的推广宣传,让朝廷里的文政大咖们能把目光投向当年这个靠近"莽荒"的地区,使得永州人民从此更有存在感,更加自信、自豪。

这是一段名人、地区和文章三者相互辉映又相互依托的千年佳缘,既值得当地民众建立祠庙纪念,也值得我们外来的游客进行欣赏和赞美。而柳子庙,以及庙里所刻的《捕蛇歌》《寻愚溪谒柳子庙》以及苏轼手书的由韩愈所写的纪念柳宗元的文章《荔子碑》(也称为"三绝碑",合称"韩诗苏字柳事碑"),就是柳宗元、柳宗元所写的关于永州的文章、唐代永州的山水民情、当代永州人以及我们外来游客五种跨越了历史的时空的元素的一个交集点！于是，不论柳子庙门楼背后是否有三重飞檐和八根柱的戏楼，或是有无其他造型精美的灰塑，都已经不重要了，重要的是有这方纪念场所存在，重要的是他的文章被雕刻了下来；作为后来人，我们就有了与其他四种元素来个跨越时空对话的机会。这应该就是祠建筑存在的主要价值了。

# 07　官署与军营

## 廉政职业的县衙

许多古城，在古代时就是某级地方官吏任职的所在地（即治所）。官吏们集中办公的地方，即为官署。

山西平遥古城里的县衙，是现今全国规模最大、保存较完整的古代县衙。其始建于元代，明代重修，后多有修建。衙署坐北朝南，中轴线上有六进、三堂、三门，由南至北分别是大门、仪门、大堂（知县办理公务的主要场所）、宅门、二堂（知县处理日常公务、召见下属的地方，二堂两侧还有县丞和典史工作的地方）、内宅（知县的生活区，两侧有客房，后侧有花园），东西两侧则以文左武右进行功能空间的布置，大堂内部东西侧分别为钱粮库和武备库，大堂前东西厢为六部（吏、户、礼、兵、刑、工）房，仪门外的东西厢为赋役房（收取赋役钱粮的办事处）。此外，还有土地祠等几处祠庙建筑，以及监狱、粮厅（存粮食）、花园（供知县休闲娱乐）、壮班房和差役房等处所。由此可见，古代富庶的平遥县衙已经拥有封建王朝基层统治组织几乎所有的功能空间以及人员的办公场所和住所了。

毫不夸张地说，平遥县衙就是一个中国古代官署的博览馆。它能保留至今，没有分割出去，一是它的建筑结实，二是直到1998年县衙还有13个行政单位在办公（行政单位搬迁之后，经过修复，2000年就正式对外开放了）。

更加难能可贵的是，平遥人尽心尽力地要把这方空间和建筑做活。目前，衙署各功能空间里都摆放展示着对应的各种文书器具。平遥人通过详细的标识文字和完备的文书器具，以及每天县衙里的升堂、断案表演，加上平遥古城景区非常专业、到位、详尽的导游服务，让所有游客一走进这里，便能大致了解古代县衙的功能和运作，以及知县的生活起居情况，正所谓"一座古县衙，半部官文化"。

特别值得一提的，是这座县衙保留着的非物质文化珍品——楹联！其大堂楹联写的是："吃百姓之饭，穿百姓之衣，莫道百姓可欺，自己也是百姓；得一官不荣，失一官不辱，勿说一官无用，地方全靠一官。"二堂楹联写的是："与百姓有缘才到此地，期寸心无愧不负斯民。"这些楹联没有危言耸听，没有令人反感的警示语，而是朴实无华，直指人生真谛，每天都在给官吏们以谆谆教诲。

据说在清代晋商兴盛的时期，平遥没有出现过一任贪官！当时处在强盛的晋商商号的环绕和熏陶之中的平遥县衙，其知县和行政班底必然每天目睹着这些上可达朝廷、下可通四海、富可敌国的商号的发展，特别是能够感受到各商号掌柜们兢兢业业、脂膏不润地为东家办事理财的职业精神。在平遥，想来是发达的商业文明、按规则办事的社会风气、正确的职业道德观和高薪养廉的制度对官场廉政文化形成了自下而上、由外到内的正面渗透和影响。那应该是一个商业文明与官场文化交相辉映的时代了吧！

如今，平遥人煞费苦心地把如此完整的县衙开辟出来，又通过对导游们进行专业的培训以及严格监控讲解过程来向游客全面展示县衙官吏的工作生活场景,大概是期望游客们在参观晋商们的豪宅商号、领略曾经辉煌的晋商文化的同时,通过对县衙的游览,能够感悟出某种执政为民的理念,学习到良好的职业道德操守。这对同样商业文明高度发达的今人来说,应该可以找到有益的启示。

## 调东镇西的屯堡

古代一般只有县级以上的治所才设官署,而现在较大的古城一般都存在过官署。换句话说,如果一个古镇出现古官署,则可以说明这个古镇在古代曾是县级以上官员办公的地方,该古镇历史上的政治地位可能比其今日的还要高。

官署,古代也称为衙门,是由"牙门"转化而来的。古代军营门口或旗杆一般装饰有兽牙、兽爪,因此开始时以"牙门"来指代军营,后来才泛指古代的行政机关办公场所。

我国还有不少古镇、古村,可能是由古军营发展而来的。最常见的,莫过于明朝朱元璋时期依军屯制度建设屯堡卫所而发展形成的古镇。"屯"一般指屯军驻扎的村寨,"堡"则是商人及百姓居住的村寨。军屯就是寓兵于农,使士卒平时耕种、战时御敌。这项政策,一是可将军队平时的农业劳动所得充作军粮,二是可以避免土地的荒废,三是降低了养兵的费用。

有贵阳"南大门"之称的青岩古镇,始建于明洪武十一年(1378),是广西入贵阳主驿道的中段。当时大批军队进驻屯田,使"青岩屯"逐渐发展成为军民同驻的"青岩堡",直到今天发展成为贵州四大古镇之一。

从贵阳往安顺黄果树瀑布的路上，一般都会经过天龙屯堡。这个古镇是由从贵阳往昆明的滇黔要道上的驿站"饭笼驿"发展而来的。天龙屯堡的屯兵是明洪武时从江浙调过来的。兵士们拖家带口，远赴西南镇守要隘，从此世代成为"军户"，永远不可还乡。元末明初时，军户们在朝廷的号召和命令下，为国守边，也算是间接地保卫家乡了。军户们应该有一定的无奈，或许也带有一定的使命感与荣光。朱元璋采用了南北互调、调东镇西的方式，于是这批人远离家乡故土来到这西南要道上。

刚到这里时，他们一方面要建设城堡房屋，一方面要外出开垦荒地，一方面还要随时准备应付周边的匪患民变。或许他们开始时还是有激情、有动力的，于是大伙齐心，就地取材，破石取片，层层垒筑出了保留到现今，由石头做墙、石头片做瓦的石头房（这种房看起来不怕火烧，坚固厚重，石片瓦估计还能抵御从天而降的箭弩）。在一间叫"演武堂"的石屋里，我观看了一场戴着面具的军傩地戏，让我调动视觉、听觉，体会到了他们初到此地时展现勇武善战，甚至戴上面具威慑四方的必要性。

他们把这方屯堡当成了乡土，如同他们需要固守屯堡一样，他们也固守着源自家乡的生活习俗。如今，古镇不少老太太仍旧身穿明朝时的大袖长衣，穿着带有江南刺绣神韵的尖头绣花鞋，语言中仍旧带有卷舌音的明代官话口音。或许在离开江南之时，家乡父老特地把黄豆蒸熟然后碾压成粉，再搭配少量的熟花生粉和芝麻粉一起压制成块，成为黄豆酥，好让他们在路上充饥；于是，在稳定下来之后，他们把乡愁寄托在饮食、服饰及其他非物质文化的传承上。其中，第一件事就是花上半天时间制作黄豆酥，在满足自己思乡情绪和解嘴馋的同时，也让他们的下一代能品尝到故乡的风味。如今，在杭州、宁波一带，也仍然生产着这种黄豆酥。

临离开时，我特意买上一盒黄豆酥准备在车上吃。这香甜松酥、好吃耐饿、热量适中又富有营养的黄豆酥，又从味觉让我记住了这个地方的风味。如果到浙江再吃到黄豆酥的时候，我会告诉浙江人，在千里之外的西南地区，有你们600年前的老乡，如有机会就去看望一下他们，且一定要带上一盒黄豆酥作为见面礼。可以想象得到，当屯堡人吃到对方长途带来的口感相近的黄豆酥时，也许会为这跨越了千里和600年的乡谊而紧握对方的双手，湿润的眼眸里露出欣慰的笑容！

## 多信仰的千户所

明朝卫所制度从上到下的层级划分分别是：中央的五军都督府——各省的都指挥使司（正二品）——下辖若干个卫（卫指挥使是正三品，每个卫5600人）——卫下辖若干千户所（正千户是正五品，每个千户所1120人）——千户所下辖若干百户所（百户是正六品，每个百户所120人）——百户所设总旗2个（每个总旗辖50人）、小旗10个（每个小旗辖10人）。明朝初年，为抵御倭寇的侵犯，沿海地区实施了海禁，并相继设卫建所，卫指挥使以下级别的军官都是世袭的。

深圳东南部有个形状上凸向南海的大鹏半岛，岛中部有个建于明洪武二十七年（1394）的海防卫所——大鹏所城。所城东西宽345米，南北长285米，近似梯形，其全称是"大鹏守御千户所城"（这也是深圳别名"鹏城"的由来）。明清时期作为重要的海防前沿，所城官兵抗击过葡萄牙侵略者、海盗、英殖民主义者等，现在还保存有清朝时福建水师提督和广东水师提督居住过的"将军第"。

福建泉州市惠安县东南海边有座崇武古城，是明洪武二十年（1387）建设的，隶属泉州永宁卫下辖的五个千户所之一，有四个城门，南北门相距500多米，东西门相距300多米。

广东潮州饶平县东南部有座大城所城（当地人俗称"大埕所城"），原称为"大城守御千户所城"，始建于明洪武二十七年，同样有四座城门，是明代潮州府近海设置的四个千户所之一，也是现今保存最完整的一座所城。潮州其他三个千户所分别为蓬州所（位于今汕头市区）、海门所（位于今汕头潮阳）和靖海所（位于今揭阳惠来）。大城所城原位于潮州东南滨海的海陆交界位置，是闽浙经海道南下广东的必经之途。和其他卫所一样，其官员一般由外地人担任，士兵有外地人，也有从周边招募而来的。海防卫所要防范的不是当地的百姓，而是海上来的倭寇海盗。

据统计，大城所城现有23个姓氏、7000多居民，现存有十多个姓氏的宗祠。

这些北方来的官兵，有着吃面食的习惯，有的将面粉煎成薄饼，内卷大葱和肉来食用。因为南方没有种植小麦，所以他们带来或托人买来的不多的面粉，只好省着用。于是，北方官兵及其家属把面粉煎成薄片，抹上改良后的酸甜辣酱料，卷入潮州当地容易获取的炒熟的猪肉、豆腐干、豆芽、虾仁等作为馅料。因为有面饼皮作密封，馅料就好保鲜。如果放置时间长，在食用前，还可以用平底鼎将其翻熟加热。因此，这种食物被称为"鼎翻"或"薄饼"，是一种平战结合的食物，也成为饶平县的名小吃。

面对随时可能出现的危险，所城里的官兵、民众将命运寄托在神仙身上。于是所城里便有了来自北方的关圣帝庙，有传说中管水的玄天上帝真武庙，以及来自闽南的海神妈祖天后宫，另有先农庙、城隍庙、元帅庙、五显庙、龙尾王庙、开江王庙，还有宁福庵、白衣庵、鹤松庵和基督教堂，更有随处可看见的土地庙。这种多重信仰的现象，在我国沿海所有的卫所里都很常见。

古代，大城所城管辖着附近上里、高埕、大港、柘林等四个栅寨，关涉共三十村的安危，这里平日里住着官兵及眷属，还作为附近村落的大集市。可以想到，如果有倭寇海盗登岸劫掠，这千余人的官兵，估计是不敢贸然出城歼敌的，一是敌人主动进犯，是有备而来，二是敌人虚实难料。除非有外来的配合，或是有计划地主动迎战，才有必胜的把握。所以，驻守的官兵最多就是让附近的百姓进城避难，然后关闭城门，凭借环绕大城所城的护城河，以及石头围墙等工事，倭寇海盗一般也没法攻进城中。因此，明朝中后期才需要俞大猷、戚继光等大批机动军队在沿海到处去剿寇。据《东里志》记载，明洪武三十一年（1398）倭寇进犯，大城所城里的百户长顾实开门迎百姓入城避难，并因此受到朝廷的嘉奖和百姓的拥戴，被奉为当地的城隍神。大城所城不远处的柘林吹风岭古道还有崇祯年间柘林寨事都司所写的"缉获盗贼"四字石刻。

600多年后的今天，大城所城原先的海岸线已往外移出了数公里，沧海变成了桑田。原先的护城河也分解成几段，变成了池塘。每年端午节在护城河里划龙舟的习俗，演变成了在所城的街巷里巡游用竹片纸糊成的"旱龙舟"。如今，城墙上长着一排攀附在石头缝里的榕树，有几棵榕树还生机勃勃地长在所城其中三个大门的门洞上，仿佛城墙上还挺立着一排卫兵、城头上还插着旗帜一般，向往来的人们诉说着几百年里海风咸气的沧桑与寂寥。

值得一提的是，虽然大城所城的街巷和形制还保留着明代卫所的痕迹和规模，但清康熙三年（1664），为了截断郑成功的明郑军队的补给，康熙命令沿海民众向内陆迁徙50里。可能清朝时大城所城已经演变成一座军民混居的城寨，不具有太多的军事价值，加上位置凸前靠海，所以彼时大城所城也在拆迁之列。既然要拆迁，那么清政府是不会留一座有着石头城墙的军事工事给明郑军队的。因此我猜测，不仅军民要内迁，恐怕连同所城里的石头房屋以及城墙工事也需要损毁破坏（这或许也是潮州另外三座

贵州安顺天龙屯堡古民居八字门楼

卫所残破不全的原因）。直到五年后的康熙八年，清朝打败明郑，康熙允许民众复界，才又重建遗存至今的这座所城。只是这一拆一建，许多人便再也没法回来了。从此，所城淡化了它的军事功能，也得以住进来成分背景多样的普通民众，使得大城所城成为一座包容了多元文化的古城，于是才有了今天人们看到的众多宗祠庙宇和谐散布在所城各个街巷角落里的现状。

## 保密的古堡暗道

山西省介休市的张壁古堡，是一座地上有明堡、地下有暗道的设防性村落，一座由军事坞壁建筑发展演变而来的古堡。其最突出的特点是，整座古堡的地下有上下三层、攻防兼备的古地道，已经开发的有三千米之长。张壁古堡南面靠绵山，其余三面为沟壑，易守难攻。古堡地道上连地面、下连三层网状地道，直通堡外北面和南面的沟崖。地道高约2米、宽约1.5米，设有通风口、陷阱、水井。地道高层设有喂养牲畜的土槽，底层设有粮仓。

多数专家认为古堡可能始建于五胡十六国时期，那么古堡至今就有1600年左右的时间了。我想，从古堡目前存有一座全国罕见的可汗庙（但不知是哪位可汗）来看，专家的这个推断还是很有道理的。因为那个时期，山西一带生活着许多北方民族，且恰逢乱世，因而当年的古堡修建者煞费苦心地设计挖掘，修堡自卫。也有专家认为，可汗庙纪念的人可能是隋朝末年的叛将——曾经依附突厥部落受封为"定杨可汗"、带兵席卷山西的刘武周。据说他被李世民打败后，其部下避居在张壁古堡并设庙纪念他。如是这般，则古堡至今就有1300多年了。

我从地道的前后入口各走进去一段距离，仔细观察了一下——整座地道的四壁均为坚固的泥土（估计为后期修复），部分地段有砖墙和砖道（可能是后期修建的），部分地段的左右侧和上部又架起木条作为支撑（应该是近期加固的）。地道是不是也存在了1000多年，这我不好判断，如果是的话，那证明当地的地质是相当稳定了。值得一提的是，在日本侵华时，日军也在该村驻扎过，在发现了一个地道入口后，用了十几吨的水泥把洞口封堵住了。此后几十年，竟然没有人知道地下还有地道这回事！直到1994年，当地一位农民发现了另外一个洞口，才揭开了它尘封已久的真面目。

古堡不大，我走了一圈，游览了一番张壁古堡地上端庄考究的明清建筑、易守难攻的丁字路、里坊格局的街区设计（关闭巷门后，各个里坊就成为相对封闭的堡中之堡，具有独立的防卫功能）等，只见主街两旁有近两层高的围墙，还有两块立于明朝万历年间、距今400多年，色泽明丽、流光溢彩的孔雀蓝琉璃碑，以及反映古代军营官、兵、民信仰众多这一特征的关帝庙、可汗庙、空王行祠、二郎庙、真武庙、三大士殿、吕祖阁、兴隆寺、文昌阁等庙宇建筑。

如今回想起来，古堡留给我的印象就是一道仿如薄纱般蒙在街巷墙瓦上的古朴沧桑的土黄色，那既是拱形地道里的土黄色，也是古堡外山丘地面呈现出的土黄色。虽然现在的可汗庙和地道可供游客随意参观，但可汗庙与三层地道的组合，还是充满了岁月的神秘感，总让人试图去探究它的真实来历，它却又不给今人留下多少可供考证的遗迹。

这种神秘感多少会给人留下一丝遗憾，但却真实地体现了古堡作为军事建筑的性质特征——保密！地道在修建时要保密，修建后也要保密，知道的人越少越好。一座可汗庙能存留上千年，在不同的朝代是否有过更隐晦的名称，其建筑是否曾经作为其他用途使用，则似乎没有人去考证了。

但我还是从当地人对可汗庙的保留上看到了他们的一份坚持，坚持以这个名称去引发游客们的思索，从而告诉人们：这方土地上曾经生活过被称为"可汗"的人以及他的子民或追随者，这片大地上曾经拥有过多民族的发展与融合，或许是动荡又或许是辉煌的历史就藏在地下数千米长的地道里，等待人们去穿越、去探索。

当历史尘埃落定之后，当游客纷至沓来之时，中华民族的祖先就像给古堡的地上建筑蒙上了一层黄土一样，给我们后人留下了一些耐人寻味的谜团。任凭雨水冲刷，那经过岁月之手印刻在古堡上的黄土色是再也洗刷不掉了，却也是不应该被洗刷掉的！因为只要这层黄土色存在，历史就还在，文明便没有远去。我顿时明白了，谜团也许是解不开的，也是不需要解开的，因为谜团本身就是文明的重要组成部分。

# 08　木砖石灰雕

## 不同雕刻作品的装饰位置

说起古村镇让人印象深刻的特点,可能是高大而引人瞩目的建筑,可能是和谐纯粹的美景,也可能是令人赞叹的细节,而这些细节大多就存在于木雕、砖雕、石雕和灰雕等结构中。

这些雕刻作品,有它的实用价值、美观价值,还有一定的教育价值和表征吉祥纳瑞的意象价值。根据材料不同,它们分别用在古建筑各个不同的部位上:

木雕构件,多用于棂窗、裙板、雀替、梁枋、挂落飞罩、家具上;

砖雕构件,多用于照壁、影壁、门楼、门罩上;

石雕构件,多用于柱础、栏杆、柱头、基石、墙面以及大门前等;

灰雕构件,多用于装饰山墙、墙头、屋脊、檐角、照壁、门楼、窗罩等。

较多使用这些雕刻构件的地区,除了北京等大都城以外,就是晋商、徽商和广东商帮等古代商业发达的地区了。

## 篁岭古村的徽三雕

江西婺源的篁岭古村，古代隶属徽州，建于明代中叶，已有500多年历史。篁岭古村最有名的是当地在屋顶架晒农作物的场景，俗称"晒秋"。和其他徽州民居建筑一样，篁岭古村的民居、官宅、祠堂到处都雕饰着砖、石、木等被称为"徽三雕"的构件。

古村的不少民宅在大门上方都建有飘出墙面、由砖瓦垒砌而成的出檐，从出檐到门框之间则镶嵌砖雕进行装饰，结构简单的被称为"门罩砖雕"，相当于现在的雨篷，不仅能阻挡墙上方的雨水流下，还能让人们临时躲避小雨。当砖雕装饰得像牌坊一样，覆盖整个门框、从地面延伸到上檐时，则被称为"门楼砖雕"。水磨青砖的出檐砖雕，美化了建筑立面，使大门在白色墙面的衬托中富于立体感，显得典雅端庄。那些砖雕装饰层次多、面积大，图案精细、精美、繁复的门楼，显示出了主人身份的高贵及家庭的富有（不是谁家都能有财力、物力对门楼进行砖雕装饰的）。据传古徽州人十分重视门楼的修建，有"千金门楼四两屋""房子有价门无价"等说法。

篁岭古村有条古商业街，名曰天街。天街上，一座临街一面全是木雕的"竹虚厅"建筑最为引人瞩目。竹虚厅一层的槛窗、二层的槛窗和美人靠，以及一、二层之间的雀替和横梁外侧的装饰面板（额枋）都是镂空木雕作品，图案精美、构思巧妙，且保存完好。特别是六根横梁的外装饰面板，分别雕刻了"赵子龙救阿斗""关公送嫂""九代同堂""文王访贤""周文王打猎""状元及第"六幅图案，每幅都是人物众多、表情生动且人物手中器具繁多的木雕极品，令人赏心悦目，叹为观止。这座竹虚厅的初建者，是明末崇祯年间的知县。现在看来，这些木雕虽处户外，难免日晒雨淋，而且一层的槛窗其实是伸手可及的，但至今仍然整体保存完好，如果不是后人进行过修复更换的话，那它们可称得上是国宝级的文物了（即便是后人修复更换的，也仍然可以体现出当地木雕高超的工艺水平）。

## 王家大院雕刻作品的寓意

山西省灵石县的王家大院，包括五巷六堡一条街，是王氏家族经明清两朝、历300余年修建而成的。除了规模宏大之外，遍布各个宅院中的各种石雕、砖雕、木雕作品，以象征、隐喻、谐音的方式，或明示或暗示地诉说着吉祥的人生观和富含哲理的雅俗文化。

令我印象最深刻的，首先是门口的石雕作品。因为处于进出口位置，其石雕顶部经常被人抚摸而显得十分光滑。在养正书塾前，书房的楼梯栏杆上，一对石猴用手把耳朵盖住，目的是教导子弟们"两耳不闻窗外事，一心只读圣贤书"，专心治学考功名。养正私塾正门两侧有粗壮的竹节石雕，寓意节节高升；门下面是竹根石雕，寓意读书要扎实；门上面是"岁寒三友"松、竹、梅石雕，寓意做官要清廉。入户栏杆的柱头上，一只母猴背着一只小猴，还背着一个马蜂窝，寓意"辈辈封侯"。

王家大院不少宅院里走廊下侧的墙面，经常可见镶嵌入墙的雕刻石板，一块石板刻有一个故事，代表一种寓意。如一位状元一手扶着腰带，一手指着太阳，寓意"指日高升"。

王家大院的砖雕同样出色，且存在于多块大幅影壁中。如乐善堂前的砖雕照壁，上面雕刻着三狮滚绣球，寓意"好事在后头"；另外还有"五蝠（福）捧寿"和"龟鹤延年"等大型砖雕影壁。以前的砖雕，是烧制出青砖以后，工匠再在上面雕刻的。砖雕比起石雕要好雕些，但由于质地松脆，因而也难以像木雕一样雕刻过于复杂、镂空很多的主体。

木雕方面，王家大院的窗棂除了施以镂空木雕外，还增加了彩绘，使得木雕更加形象、寓意更加具象。此外，不少垂花门的木吊柱雕刻有南瓜（寓意多子）、莲花（寓意清廉）、牡丹（寓意富贵）、柿子（寓意事事如意）等。

## 潮州顶级木石雕刻与嵌瓷

镂空木雕比较出色的，当数广东潮汕地区的潮州木雕。潮州木雕有浮雕、沉雕、通雕、锯通雕、圆雕等五种技法，最多可以有六七层镂空雕。作品往往被安置在横梁、斗拱、雀替、枋、门楣等显眼而又不受日晒雨淋的地方。而且潮州木雕作品经过精雕细琢后，一般最后还要贴上价格不菲的纯金箔，以使木雕作品显得金碧辉煌、高贵脱俗。以至于东到福建漳州东山岛的关帝庙，西到广州的陈家祠，都可见这种繁复精美的潮州金漆木雕的身影。

潮州木雕中最具代表性的，当数潮州古城中兴建于清光绪年间的己略黄公祠。祠堂里面的屋檐下，满满当当地镶嵌满了木雕作品，且大多为多层镂空木雕，一幅木雕上刻一出戏或一个典故，寄托一种寓意。抬头看去，精美繁复，金光璀璨，目不暇接，是一座名副其实的艺术殿堂。

潮州石雕同样非常出彩。潮州地区祠堂庙宇大门两侧的前壁上，通常都安设有雕刻了各种祥瑞题材的矩形石板——石壁。如果说门罩门楼是徽州民居的脸面，那么门楼石雕就是潮州人祠堂宫庙建筑的脸面。潮州石壁浮雕作品，最令人赞叹的是彩塘镇建成于清光绪年间的从熙公祠。这座四合院式的祠堂是当年从潮州到马来西亚柔佛州打工经商致富的陈旭年衣锦还乡后，用了13年时间，耗资26万余银圆修建的，其中，仅石雕作品的雕刻就花了十年时间！该祠堂门楼的石壁上有四幅精美的镂空石雕作品，分别以士农工商、渔樵耕读、百鸟朝凰、花鸟虫鱼为题材，每幅石刻都很好地运用了"之"字形的构图，将不同时空的人、事、物集中在同一画面中，浓缩故事情节，表现出了最富戏剧性的瞬间。

这几幅石雕作品之所以上乘，不仅在于镂空雕的层次多，人、事、物都很生动精细，而且每幅作品的内容含量非常大。以士农工商题材的石雕为例，仅仅高1.2米、宽0.8米的幅面中，就雕刻有25个人物，另外还有人物周围的场景、动植物等，这在全国石雕作品中应属顶级了。

最令我眼前一亮的，是该祠堂花鸟虫鱼的石雕，其上雕刻的动物种类众多，生动有趣。比如，有一只鸟叼着蜜蜂，另一只鸟叼着鱼，荷叶上还站着或趴着树蛙、草蜢、天牛等一些我小时候见过但现在已经很少看到的昆虫，着实能勾起童趣的回忆。

因为潮汕地区常有台风吹袭，而石材具有防潮、防风、防腐蚀等性能，于是从熙公祠在外门楼处又以石雕来代替木雕，除了石鼓、柱础外，上方的梁枋、月梁形的石穿枋、雀替（雕刻有莺歌燕舞、鱼化龙）、吊柱（雕刻有花篮）等全部采用了镂空石雕，以便于人们从多个角度进行观赏。其中的一处雕刻了两只龙虾、一只大螃蟹，还有两只海生动物"鲎"，以及其他海鱼等，栩栩如生，体现出了潮州沿海的特点，也可窥见陈旭年漂洋过海的经历及其对海产品的喜欢，也反映出了潮州沿海人民对于好的收成和好的饮食的向往（潮州木雕中最具特色的作品"虾蟹篓"，就是用木雕表现虾和蟹游入竹篓时的场景，寓意"大丰收"）。

据说从熙公祠建设时，工匠们每天只干一两个小时，而磨刀的时间却要花三四个小时。平日里主人陈旭年对工匠们是好烟好酒招待，敬若上宾，在他们吃好睡足、精神饱满时才让其动手干活，稍一疲倦，即令其歇息磨刀。所以可以说，这些精美绝伦的石雕几乎不是"凿"出来的，而是用刀"剔"出来的。而陈旭年这位归国富侨，没有选择当时流行的洋、中结合的建宅风格，而是完全摒弃西洋和外来的风格和物品，追求潮州本地顶级的工艺来营建、装饰他的宅院，一位华侨的浓浓故乡情和拳拳赤子心让人动容。他凭借对潮州工艺的极尽苛求，加上资金实力的支撑，在给潮州留下了一座艺术殿堂的同时，也让他的名字至今为人所传颂。当然，这也离不开他的后人和乡亲们对这座宅院的用心保护。从熙公祠的石雕作品，是潮州工夫人"慢工出细活"的典型代表作，也是潮州人不怕繁杂、不怕费事、追求完美、追求创新的匠心精神的集中体现。

除了精美的石雕，从熙公祠还有一项值得一提的是潮州特有的建筑装饰工艺——嵌瓷。该祠的屋脊、檐角、勾头、滴水等处均采用彩色嵌瓷进行塑造装饰，虽不似它的石雕、木雕那么出彩，但也代表了古代潮州的一项特色工艺。

潮州是古瓷都，明朝时期潮州工匠以零碎、废弃的彩色陶瓷片为原材料，将其镶嵌在传统泥塑上，既使得泥塑造型更加形象、色彩更加艳丽，又充分利用了碎瓷片，变废为宝。而且因为瓷片经过烧制有釉彩的原因，这些造型能够长期经受日晒雨淋而不容易褪色，并且能长久保存。嵌瓷工艺主要运用在庙宇宗祠的屋脊（正脊、垂脊、戗脊）、飞檐、瓦当勾头上，也用在侧面的山花上，少量运用到檐下和照壁上。在潮汕地区的庙宇祠堂前，站在十多二十米开外，人们往往会先注意到其屋顶上凸出的五彩斑斓的立体花草鸟兽图形，或者檐角镶嵌着的、两三个为一组的典故中的英雄或吉祥人物的嵌瓷作品，具有较强的视觉冲击力，让人抬头就能驻足看"戏"，这也是潮汕俗语"厝角头有戏出"的由来了。

## 灰雕的原料与岭南灰塑

在资金预算不多的时候,许多古建筑则采用灰雕进行造型和装饰。灰雕,又被称为"灰塑""泥塑",是以传统建筑中的灰、泥为原料,进行塑形、粘贴的一种建筑装饰构件。

在我国沿海地区,常将牡蛎壳和其他海贝壳烧制成灰后,与石灰、泥沙、红糖水、糯米水一起搅拌调成制作原料,利用湿灰泥极强的可塑性,将其塑成所需的造型,之后再在成型的胚胎上雕刻细部纹饰,并在半干的胚胎上涂以颜色,这样最后成型的灰雕便呈现出浓郁的色彩。由于灰雕用料常见,造价较为低廉,工艺也比较简单,而且还能在后期补灰以弥补造型过程中出现的失误,所以在闽南和潮汕地区的房屋建造中广泛使用。

广东珠三角地区古代建筑流行的灰塑,则是用石灰加稻草、草纸、糯米粉、糖等制成草筋灰和纸筋灰原料,有时体型大点的塑像会加铜线作为造型的支撑(有点像现代钢筋混凝土的做法),做好骨架,接着先上草筋灰,再上纸筋灰,塑好形后晾干,再涂上矿物质颜料彩绘,就形成适合岭南地区湿热气候条件的耐酸、耐碱、耐高温且不需烧制的灰塑作品。广州的陈家祠是灰塑的集大成者,其檐角上的灰塑狮子采用圆雕(即立体雕),而屋脊上的人物花鸟多采用深浮雕,线条则采用浅浮雕。

灰塑作品虽没有石雕坚固,但比木雕更耐雨水腐蚀,比砖雕也更方便施以颜料,因此广泛运用于古建筑的屋脊、檐角、照壁、门楼、窗罩、山墙等位置,也常作为线条造型使用。

## 十六类雕刻主题

雕刻作品,有的是建筑的必要构件或附属构件,有的只是某地区豪宅标配的必要元素；更多的雕刻作品，首先起到的是装饰和美观的作用，其次是在传递修建者的思想和愿望，再次还可能是建造师傅、工艺师傅自由发挥、展示手艺及创作力的地方。

对于普通群众和观赏者而言，这些雕刻作品能给人带来美感，传递传统民俗文化，给人以丰富、充实、美满的感觉，能引发观赏者的联想和思考。在人们欣赏、评论、传播的过程中，作品里蕴含的积极向上、正能量的因子也一起传播开去。这大概就是这些耗工、耗时、耗费资金、稀缺的雕刻作品的意义了。

雕刻作品是无声的，也不像匾额和对联，让人看后能直观地了解其含义；而且一处建筑里的雕刻作品表达的主题往往较多，常常是每件雕刻作品就表达一个含义，主题较少重复；加上有些作品年代久远，不免有磨损和脱落，或因受到日晒雨淋而色泽暗淡；而有的作品被安放在屋檐上或梁上，与人的距离较远，人们没法拉近仔细观察，等等，这些因素的存在给我们清晰准确地观赏雕刻作品形成了一定的障碍。但无论如何，了解我国古建筑中雕刻作品所表达的主题类别，然后在实地参观游览中更有针对性地去观察、判断作品的含义，可以帮助我们更好地去品读、欣赏古村镇。

第一类主题：长寿。一般以松鹤、龟背喻长寿。松树和仙鹤组合寓意"松鹤延年"；松树、仙鹤、梅花鹿组合寓意"鹤鹿同春""六合同春"（六合即天地和四方）；猫和蝶组合寓意"耄耋"；用异兽谐音寓意"益寿"。人物典故方面则有麻姑献寿、郭子仪贺寿等，或直接雕刻寿星公的图案。另外，也可单独以桃、松树或灵芝仙草代表长寿；雄鸡在禾穗旁啼鸣，取谐音寓意"长命百岁"。

第二类主题：多子。常见的多以植物多籽来表达，如葡萄多籽、葫芦多籽、萝卜（摞辈）、一蔓千枝、莲生贵子、南瓜多籽、梧桐落贵子等，有时也以葫芦、蔓藤组合寓意子孙万代。另外，童子骑在麒麟上寓意"麒麟送子"，童子骑在雄鸡上寓意"仙鸡送子"，还有观音送子等。甚至因为鼠对应子时，也有以多鼠寓意多子的，如潮州从熙公祠抱鼓石下的基石就雕刻着几只老鼠。此外，同一根连绵不断的藤上结了许多大大小小的瓜，寓意"瓜瓞绵绵"，祝颂子孙昌盛。

第三类主题：多福。由于蝠的发音同福，所以常见的就是以蝙蝠来代表福气。五蝠围绕寿字，寓意"五福捧寿"；摆放左右两狮寓意"双狮护门"（有些地方"护"音同"福"）；蝙蝠与石榴组合，寓意"多子多福"；蝙蝠和层层云纹组合，寓意"流云百福"（取"福气不断"之意）；蝙蝠、桃子和两枚钱币组合，寓意"福寿双全"；蝙蝠、桃子、莲子（或石榴）组合，寓意"多福""多寿""多子"，即"三多"；蝙蝠与一枚古钱组合，寓意"福在眼前"；钟和蝙蝠组合，寓意"终生有福"。也有的直接取福、禄、寿三星，代表最高的福气；此外，五个柿子和一枝海棠花组合，寓意"五世同堂"。

第四类主题：高中与升官。古代科考高中，往往意味着有官做，有官就有"俸禄"，因此最常见的就是以梅花鹿来谐音"禄"；一只鹭鸟与荷花在一起，称"鹭鸶戏莲"，取音寓意"一路连科"；竹节，寓意步步高升；"鲤鱼跃龙门"，是大家最耳熟能详的。此外，还有猴子骑在马上，寓意"马上封侯"；大猴背着小猴，寓意"辈辈封侯"；以印章、猴子和蜜蜂（或枫树）谐音"封侯挂印"。除上述外，另有"五子登科"，典出《三字经》："窦燕山，有义方，教五子，名俱扬。"既寓意出贵子科考高中，也提醒父母亲要教子有方。潮汕木雕中还经常会有"鱼化龙"样式的鳌，有着"望子成龙"的寓意（古代考上状元的人可以踏上皇宫大殿前石阶上雕刻的鳌的头，于是用"独占鳌头"比喻占得首位或取得第一名）。一般门楼上的鳌可爪握宝物，中厅上的鳌多现四爪，内厅的鳌则有鳍无脚（把鳌放到梁枋上，应该还有镇宅防火的寓意）。寓意"高中"的，还有

云南建水团山村古民居转角斗拱木雕

广东饶平三饶林氏宗祠

两只雄鸡，或雄鸡配鸡冠花的造型，由于雄鸡和鸡冠花上都有"冠"，用以谐音"官"，寓意官上加官、平步青云；而一只宝瓶中插有三支短戟，"戟"谐音"级"，则寓意"平升三级"，代表步步高升之意。

第五类主题：出孝子。常以古代的二十四孝图寄托子孙儿媳孝敬长辈的期望，如王家大院就有"乳姑不怠"和"行佣供母"两则源自二十四孝的石雕故事。

第六类主题：喜庆。最直接的就是雕刻喜鹊和梅花，叫"喜鹊登梅"，寓意"喜上眉梢"；双鹊踏梅枝，表示"双喜临门"；柿子配喜鹊，寓意"喜事连连"；豹子和喜鹊，寓意"报喜"。

第七类主题：好姻缘。鸳鸯戏荷、和合二仙、龙凤呈祥、并蒂莲、双飞蝶、花好月圆等都是寓意夫妻恩爱、能获得好姻缘的题材。

第八类主题：富足。白菜谐音"百财"，寓意发财，也代表清白；牡丹花因为雍容华贵、端庄典雅，被用以象征富贵，寓意"花开富贵"；牡丹搭配海棠，寓意"富贵满堂"；凤戏牡丹，寓意"大富大贵"；鱼的谐音是"余"，两条并列的鱼寓意"年年有余"，童子怀抱着鱼手持着莲花莲叶寓意"连年有余"；由多条金鱼组成的图案寓意"金玉满堂"；立两头狮子护在门口，寓意"二狮富门"。

第九类主题：平安。花瓶中插竹，以瓶的谐音寓意"竹报平安"；鹭鸶、宝瓶、鹌鹑组合，取谐音寓意"一路平安"；喜鹊和花瓶寓意"鹊报平安"；稻穗、花瓶、鹌鹑组合寓意"岁岁平安"；大象驮宝瓶有"太平有象""太平景象""喜象升平"的寓意。

第十类主题：如意。一般都会以如意直接代表"称心如意"；柿子配如意，寓意"事事如意"；几个柿子和一个桃子，寓意"诸事顺心"；人参和如意，寓意"人生如意"；银锭和如意，寓意"必定如意"；四头狮子，代表"事事如意"。

第十一类主题：兴旺。"百业俱兴""家业兴旺"常通过"狮子滚绣球""八骏奔腾"等来表达，也有用花生和龙寓意"生意兴隆"的。

第十二类主题：勇敢。这类题材大多出现在祠堂庙宇等公共建筑中，直接采用《三国演义》《西游记》《杨家将》《封神演义》《隋唐演义》《水浒传》中有关战斗的故事、场景和人物来表达：如"三英战吕布"，全面表现了刘、关、张三人与吕布的英勇善战，以及"天下兴亡，匹夫有责"的文化精神。这类题材反映了人民群众惩恶扬善的美好愿望，并鼓励人们积极进取、勇于斗争。

第十三类主题：吉祥。常以柑橘、桔子代表"大吉"，以三头羊代表"三阳开泰"，都是吉祥之意。"八仙过海"是我国道教中的典故，吕洞宾、铁拐李、汉钟离、张果老、曹国舅、韩湘子、蓝采和、何仙姑等八位得道仙人，代表了男、女、老、少、富、贵、贫、贱八类人。传说八仙来到蓬莱阁饮酒，商议遨游仙岛，议定不得乘舟，于是八仙各显神通，团结合作，趋利避害，最终成功到达目的地。"八仙过海图"常用来表达人们探索自然奥秘、追求美好生活的愿望，八仙各有法宝，神通广大，能给人们带来平安和吉祥。传说铁拐李的葫芦可救济众生，汉钟离的扇子能起死回生，吕洞宾的宝剑可镇邪驱魔，何仙姑的荷花能修身养性，蓝采和的花篮能广通神明，张果老的渔鼓能占卜人生，韩湘子的洞箫能使万物滋生，曹国舅的玉板可净化环境，因此，有些雕刻作品只出现八仙的法宝，同样代表了八仙的特异功能，这八件法宝被称为"暗八仙"。

第十四类主题，高洁。梅花、兰花、竹子、菊花，以自强不息、淡泊致远、不作媚世之态的共同特点，被称为"花中四君子"，通常被用来表示文人君子身上所带有的高洁清贞的品格。梅象征坚守自我的高洁之士，兰象征恣意潇洒、不理俗世的世上贤达，竹象征有不屈骨气和谦虚胸怀的谦谦君子，菊则象征隐居山林的世外隐士。也有以一把琴和两棵白菜进行组合的，取谐音寓意做官人家要"一清二白"。

第十五类主题：义气和友谊。常以刘、关、张三人桃园结义的故事来表达讲义气；以松、竹、梅这三种属不同科却都不畏严寒的植物，即"岁寒三友"来赞颂高洁的风格，并以此寓意忠贞的友谊。

第十六类主题：士大夫的闲逸超然。最典型的，是中国古代士大夫以打柴、钓鱼、耕田、读书（即"渔樵耕读"）为人生乐事，看似与世无争，实则暗含出道前的积累和学习，以及出道为官后退隐、远离朝堂纷争的闲适生活状态。而单幅的"春耕图"除了有闲逸超然的含义外，同时也代表了农耕文化下对"丰收"的翘盼。

王家大院有一幅石刻的《四逸图》，上面依次刻有姜太公钓鱼渭水边、诸葛亮躬耕南阳、严子陵退隐严陵濑、陶渊明隐居桃花源的故事，这几位主人公看似乡野闲人，实则或先或后官居高位，对朝政甚至是历史的进程都有过一定的影响；他们的这种闲逸，与"渔樵耕读"的内涵十分相似。

魏晋时期的阮籍、嵇康、山涛、向秀、刘伶、王戎、阮咸七人，更是才华横溢之人。在从曹魏到司马晋的朝代更迭乱世中，在当时朝廷的血腥统治下，传统士大夫常常无法直抒胸臆。于是他们转而谈玄论虚，除崇尚老庄无为之学外，更轻礼法、避尘俗，常集于竹林之中，以肆意酣畅和行为放荡不羁来逃避俗世，表明自己对当时世道的清醒认知（因为言之又恐招祸），世称"竹林七贤"。我想，后世读书人能位居朝堂之上的，其实占比不多；更多的读书人或做此雕刻作品的主人，大多可能是以"竹林七贤"的名望和高洁来隐喻自己，同时表达对当时朝廷的不满或自己的怀才不遇吧。

## 解读作品，赞赏匠心

古建筑上的雕塑作品，基本都是手工雕刻而成的，具有唯一性（而在现代很多砖雕都可以工业化量产了）。不论当时还是现在，耗时耗力的作品的价格都是不菲的（因为不能批量生产，其更应被称为"作品"而不是"产品"）。主人将愿望和观念寄寓在作品中，工匠把他们的技艺和创意融进作品中，而作品更是跨越了千百年的风雨和变迁坚守到了今日。只要这些雕刻的作品还在，不论它们是完好还是残破，我们就有机会跟古代的工匠有所交流，就有机会跟建筑的主人进行对话——交流和对话的方式，就是我们对这些作品进行驻足观赏，或凝望，或近观，可从这些作品上主要的人和物开始，加上其中的次要物件，去判断它们的名称，去理解它们的寓意（雕塑作品的有趣之处，就是大多不会直接写上名称，而是让观赏者自己去猜想、去解读）。

我们从作品中人、事、物的名称和形态组合去解读作品的含义，从作品的含义去解读作品主人的人生观和价值观。当一个地区多次出现同一作品主题时，也就大概能反映当时普遍存在的某些人生观和价值观，也许还能反映当时当地的经济和社会状况。当然，不同民族、信仰、民俗、方言地区的雕刻作品，其题材肯定是有差别的，解读的方式也不能"千'地'一律"。

最后，还要提到的是作品本身的工艺水平，其是粗糙还是精细，是普遍的做法还是匠心独运的创造性创作，那些生动、有趣、精细、美观、创新的作品，往往会令人赏心悦目。人们在赞叹工匠高明的技艺的同时，也会对自己成功解读、品鉴作品后产生的成就感会心一笑。当年那些不知名的、在烈日下或风霜中专心致志长期研究打磨作品的匠人们，他们大概无法料想到，在当时取得主人的认可而获得些许银两得以养家糊口之后，在技艺被认可而获得更多开工机会并得以提高工钱之后，他们的劳动竟然在数百年以后还能获得人们的观赏和赞许。

当我们赞叹作品的时候，即便我们只知道当时主人家的名字，而对工匠信息一无所知，但作品还是将工匠的创作价值延续了上百年。或许对于工匠们而言，名字并不重要，重要的是他们的作品有人去品读和赞赏，他们的技艺能受到人们的认可和推崇。这大概也是匠心精神得以代代传承的原因之一吧！

随着经济和社会的发展，建筑上雕塑作品的题材、材料和工艺也都发生了变化。当材料变得越来越便于塑造成型且经久不变之后，当机器代替人工进行批量化生产之后，当生活生产节奏越来越快之后，当人心变得浮躁而失去雕琢的耐心之后，建筑装饰构件的个性也就逐渐消失了，作品变成了产品，艺术变成了技术，精细变成了粗糙，那么产品也就没人去欣赏了（因为复制性的产品会让人很快感到腻味）。

所以，我们才需要把眼光重新投到古村镇中的古建筑之上，因为在那里，我们可以看到经典的源头，可以欣赏到经过岁月之手抚摸后的绝不重复的雕刻作品！当代的工匠或许也可以从古建筑那里，重新找到创作的灵感和启示。我相信，一件耐看的有深度内涵的雕刻作品，一定是传统的技艺和理念与当下的审美和思潮深度结合后的成果。

## 09　城楼与城墙

### 城楼、码头和要道

因为军事防卫的需要，许多古城都建有城墙、城门，城门上还建有城楼，城门内还可能设有瓮城！

城楼是城墙上的门楼，是一座古城镇的标志性建筑，在古代通常也是该城镇的制高点之一，有着瞭望、射箭、架炮、标志、赏景等功能。当我们走上台阶，来到两三层楼高的城楼上，回望古城，往往可见城内房屋鳞次栉比，主街分明，人间烟火尽收眼底——山西平遥古城就是如此；而眺望城外，则一般环宇开阔，风气浩然。

如果城外是江河，则城门外一般设有码头——福建长汀古城和湘西凤凰古城均是如此。湖南吉首乾州古城，"三门开"的城门外是万溶江畔的码头，如今建有跳岩水坝连接对岸。许多古城就是依靠江岸码头的交通优势发展起来的。

如果城外是交通要道或军事要道，则一般设有大道通向远方。像四川广元的青溪古镇，是甘肃与四川之间阴平古道的重要关隘，历来为商贾云集、兵家必争之地。《三国演义》中就有邓艾翻越摩天岭，偷渡阴平小道，

贵州锦屏隆里古城城门楼

绕过青溪古镇而灭蜀的经典故事。如今，青溪古镇的城楼和城墙相配合，依然气势雄壮。从城楼望出去，前方商业街连着一座现代风雨桥，过了桥，沿着青溪河边风景秀美的公路行驶便可通达广元、剑门关了。

## 城墙的厚度与城的规模

修有城门和城楼的古城镇，其实未必会修有城墙，因为有的小村镇只需要将最外围房屋的背部连接起来，自然就形成一道"屋墙"了。当然，多数的古城镇以前还是修有城墙的，只是后来许多城墙失去防御和挡水的功能而被拆毁了。

通常观察城墙的厚度、高度和长度，一般就能判断这座古城的规模及其在历史上的军事地位。当我在夜晚十点钟时分走进上方书有"松州"字样的四川松潘古城（也称"松州古城"）北门门洞时，弧形的门洞里没有灯光，长长的通道内只有磨得光滑的大块长方形石块折射着门洞外的些许灯光。此时，古城内主街上的商店基本都打烊了，越往门洞中间走就越暗，风也愈加急速。我不由得裹紧了围巾，拉上了外套的拉链，心生些许感慨：这处厚度超乎我心里预期的城墙在古代该受到过多少次攻击？这超级厚实的城墙又曾保护过多少生灵？脚下这些方大的石板又曾走过了多少南来北往的商队马帮……

这时，三位可能是刚下晚班的姑娘骑着自行车大声说着话向城外方向骑来，其中有位穿着民族服饰的姑娘还大声唱起了歌。这松潘城是藏、羌、回、汉四民族的共居之城，当时在昏暗的光线中我无法判断她们是哪个民族，她们骑车远去，只剩下那歌声和欢笑声回响在长长的门洞中，冲淡了门洞内寂寥的气氛，在我耳畔久久回荡。

后来我查资料得知，松州古城是一处非常重要的军事重镇，古城墙上竟有七个城门！而我所到的这道北门的门洞足足有31米长！也就是说，它的城墙有二三十米厚！值得一提的是，由于松州古城城墙太厚，抗日战争时期日本的飞机曾误将其当成附近的机场跑道，而向古城投下大量炸弹，造成近千平民的伤亡！松州古城南门外至今还保留着一段破败的城墙，据说是明朝时留下来的，上面还有抗战中日本入侵轰炸时留下的弹痕。这表面上看起来枯燥平常的城墙，其实蕴含了太多岁月留下的痕迹，默默见证着一座城镇几乎所有重大的历史事件。

## 富含生命阅历的古城墙

在西宁通往青海湖的路上，会经过湟源县的丹噶尔古城，古城的正门就是向西去往青海湖的"拱海门"。经过一条串联起城隍庙、文庙、小学（书院）、丹噶尔厅署的主街，就来到了东面的"迎出门"。主街上的古城，可见满眼的青砖、方石、红柱、彩檐，端庄大气，结构完好。而到达东门时，一道黄色的纯土墙却给人带来视觉上的冲击——土墙面上存在大块塌陷后留下来的一道道坑洼，坑洼中部和上部还长着草。

我走近端详起来。首先，这面土墙没有砖石和肉眼能辨认出的黏合物，其应该就是由纯黄土夯实而成的。其次，这种黄土的颜色与旁边城门楼表面一层淡淡的黄色相一致，说明城墙使用的就是当地的黄土。

我很感激当地政府和规划者，为我们留下了这一面土墙！因为它带着大地自然的本来面貌，向世人诉说着此地是黄土高原与青藏高原的结合地带；它饱含着自明朝洪武年间建城以来600多年激荡风云在城市身上留下的痕迹，向世人诉说着此地是农耕文化和草原文化的结合处所；它以一己之孤寂与斑驳，默默地横卧在那里，才映衬出了古城现今的完美与生机。或许也只有它，才完整见证了丹噶尔古城从明朝的军事重镇到清朝的宗教、文化和民族交流重镇的演变，以及成为民国时期国内外商人长期定居的茶马商都。所以，从这些角度来说，古城墙是有生命的，只要它没被推倒、没被覆盖、没被隐藏，它便可以日夜给东去西来的人们以暗示和辐射，随着时间的推进，它的生命阅历会一直增加。

# 10　地形与规划

当我们第一次到访某个村镇时,可以先站在村镇路口环视一周,也可等游走结束出来后再回首环视,看看村镇的地形是属于平原、高原、丘陵,还是属于盆地、山地;看看山水走向与村镇规划布局之间的关系,比如哪里有靠山,哪里有来水,水又往哪里流去;看看哪里高哪里低,哪里是平地,房子主要建在哪里,哪里作为集市,哪里作为主要街道,哪里建了神庙宗祠,哪里建了塔,等等。这样做将有利于我们更好地解读村镇,因为外部地形与村镇规划布局之间的关系,往往构成了当地人内在的生活和生存逻辑。

## 靠山背海风的碧洲村

广东潮州饶平的碧洲村,是一个位于内海的海边村落,一条向北的公路连着县城黄冈镇,向南则毗邻大海,南面前方不远处有个汛洲岛,更远处还有个比较大的南澳岛。因为有外岛的存在,所以碧洲村的风浪不会太大。

碧洲村的最南端是座供奉着妈祖的天后宫。传说妈祖是讨海人（渔民及一切靠海为生的百姓）的保护神。天后宫前方不足十米处就是海岸边，是碧洲村停靠渔船的地方，天后宫的背后则比较对称地分布着碧洲村现今所有的民居。

碧洲村的古民居主要位于靠着村东面一座山的地带，山的东面是从北面山区流下来的淡水河黄冈河的出海口。古代碧洲村村民建屋时背靠着大山，大概首先是因为山上有树木，会有淡水储备；其次是此处地势较高，可以规避海潮侵蚀；第三，应该也是为了规避东南面吹来的海风的袭扰。

我查卫星地图发现，碧洲村占地最大的几座老四合院（其中还有一座三进四堂的大宅），就靠着东面大山的最中部，坐东南向西北。这几座大宅前面的晒禾场也是当地古代的集市，是逢年过节搭台唱戏的地方，我奶奶的故居就在那里。

## 百屋朝凤岗的八卦村

广东肇庆市的黎槎村，还有个神奇又通俗的名字，叫八卦村。据宣传资料介绍，该村起源于距今800多年的元朝末年，是一位周姓将军构建的防御型工事。又有记载称，在南宋嘉定年间和明永乐年间，分别有苏、蔡两族人分别从广东韶关南雄珠玑巷迁至该村。那么这里就有一个矛盾，南宋嘉定年间苏氏比元朝末年的周姓将军到来的时间还早200年！

当然，他们之间谁先来谁后到都不会影响我去游访这座古村。资料上还称，黎槎村以凤岗顶上的八卦图台为中心点，依据《周易》八卦建村，由内圆圈向外扩张，房屋数量逐步递增，由里到外约有20个圈，内圈房屋有10多间，外圈有90多间。不过，从村口悬挂的黎槎村航拍全景照片来看，黎槎村并非很严谨地按照乾、坤、震、巽、坎、离、艮、兑等八卦来布局房屋巷道的。

整个村的平面形状近似圆形，外围被一圈池塘完全包围，进出村庄目前有正南和正北两条道路，正南面的道路比较宽（至少有十米宽），正北的道路比较窄（可能是近些年才填土石建成的）。村庄建在这里，明显就是个易守难攻的地方，古代只要把守好南面的道路，外人就进不去了。

这块圆形的土地，原先应该是一座小山丘，中间最高，四周挨着池塘的部分地势最低。黎槎村的建造者们没有直接在池塘边上建房筑村，而是沿池塘一周退出十米左右的距离作为平地和村庄里的公共道路，然后在高约1.5米的高地处建造房屋，并垒石土作为挡土墙，同时也能防止洪涝灾害。最外围的房屋门开向凤岗顶的中心高点，房屋背后的墙连着墙，背对着池塘，自然形成对外的围墙。

村中有十座门楼，连着十五条主巷，最后汇集到山冈顶，呈放射状分布，另外还有横巷八十四条。如果盗匪进村，通过这十座门楼后，马上就会面临前后左右巷道里随时杀出来的村民的攻击。而且越往里走，全都是"丁字路"，方向感十分混乱。就算进攻到山冈顶后想再出去，也会立马迷失方向，一时半会难以分清是从哪个门楼进来的。

因此，黎槎村就是一座利用小河、池塘以及天然地形地势建造起来的、具有强烈防守功能的围合式村庄。从它十座门楼匾额上刻的名字（兴仁里、柔顺里、毓秀里、仁和里、东江里、遂愿里、仁华里、居和里、淳和里、尚仁里），以及每座门楼的两侧都有以该门楼名称为主题撰写的楹联来看，其建造者应该是富有学识的，是追求安居乐业、邻里和睦的人。门楼的名称跟周易八卦关系也不大，现在宣传中所称的"八卦村"，可能只是外人对该村房屋布局的粗略看法和简单判断而已。

黎槎村中心山冈上有一幅"百鸟朝凤图"，或许其才是解密该村规划

湖南湘西芙蓉古镇

贵州西江千户苗寨

布局的"玄机"所在——该村的房屋布局应该是秉持"百屋朝凤岗"的理念而设计的!

## 猜想创建者的谜底与智慧

当我们从山、水、形、势等角度出发,再联系村镇中的一些细节,或许就能大概理解古村镇规划布局的内在逻辑,就能获得一份心中的踏实感,甚至是站在古村镇中时的安全感。此时,我们凭此就能与古村镇的创建者们进行一场对话——他们无声地布道建房,留下一个个谜;我们观山寻水,依据古道新屋,去猜想其谜底,甚至还可以还原其初创时的景象。不得不说,这个观察、思考、研究、猜测的过程,已是一件有趣且能获取满足感、欣喜感,又充满了挑战的趣事。

存在就是合理。我经常感叹古村镇的创建者们以勤劳和智慧,在多次考察及尝试之后,最终才逐渐将村镇选址到现在的位置,规划成现在的宜居脉络,而受后世子孙的尊崇,成为传说美谈。

不管村镇的创建者们当时采用了什么理论,请过什么先生和师傅,有一点可以肯定,他们一定采用了适应于外部环境气候、地形地质以及社会环境和建筑材料的方式建设了这个村镇。因此,看村镇的地形和规划,往往可以从宏观处品读中国传统中的人居智慧。我们只要想象一下村镇从无到有、从小到大的发展过程,就可以领会其历代建造者创造历史、营建家园的伟大成就和聪明才智,这也是中华民族的伟大与聪慧的一种体现。

# 11 古牌坊

## 牌坊的类型与等级

牌坊是我国古代为表彰在功勋、科第、德政以及忠孝节义等方面表现突出的当地人物而建造的建筑物，比如谁考中进士或状元了，谁做大官了，哪个大官对当地有贡献了，等等，都会建造牌坊以纪念之。其中，节孝牌坊是比较常见的，清朝时在各省、府、州甚至许多县都建有节孝祠，祠外建牌坊以旌表贞节且孝顺的妇女，带有封建社会浓郁的文化特色。

在古代，牌坊主要分三等，分别为"御赐""恩荣"和"圣旨"。御赐是指皇帝下诏、国库出银建造的，等级最高；恩荣是指皇帝下诏、地方出银建造的，数量最多；圣旨是指地方申请、皇帝批准，然后由家族自己出钱建造的。大家从牌坊的最高处，即"坊额"上所题写的字，就能判断其等级了。

牌坊有时也是祠堂和纪念馆的附属建筑物，以昭示家族先人的高尚美德或丰功伟绩。牌坊作为门洞式建筑物，常横立于道路之上，便于对来往行人宣扬礼教、标榜功德或告示宣传某些信息。另外，牌坊也有标识的作

云南石屏玉屏书院龙门

用，宫观寺庙等就常以牌坊作为山门，许多村镇也经常在入口牌坊上写有村镇的名称。

## 牌坊材料的稳定性

古代牌坊的建筑材料一般为全石料。但由于牌坊结构比较单薄，黏合材料性能差，因此稳定性较差，所以我们看到的古牌坊，多数最早只建于清朝时期，大多是清中晚期时建造的。我看到过的最老的牌坊，是安徽徽州古城中建于明朝万历十二年（1584），距今有400多年历史的大学士"八脚牌楼"。据说在当时，官员和百姓只能建平面的四脚牌坊，只有皇室才能建八脚牌坊；这位官员衣锦还乡，为了彰显自己的功名，冒着大不韪的风险，自己修建了这座牌坊。因为有八只脚柱，使得牌坊的稳定性大大加强，其才得以保存至今。

在广东梅州大埔县老县城所在地茶阳古镇的大埔中学校门口，也有一座建于明朝万历三十八年（1610）的"父子进士牌坊"。坊额上有"恩荣"二字，因此它可能是皇帝下诏，由明朝潮州府出资为表彰当地饶氏父子同中进士而建的纪念性建筑。牌坊采用四根正柱、八根附柱共十二根柱子并列四排，支撑起石梁、石匾和顶盖，形成中间大门、两侧对称小门，高12.5米，三层檐顶的布局。可见，能从明朝保存至今的牌坊，基本的要素是柱子要多、稳定性高，这样才有保存至今的可能。

当代新建的高大牌坊，建筑材料大多是钢筋混凝土，缺少了些许天然石材历经千万年沧桑造化而形成的底蕴，甚至也没有天然竹料或木料所具有的那种人类熟悉的亲和力，不得不说，这是当代牌坊的缺憾之一。

## 宣教与标识

古村镇的古牌坊一般就设立在村镇口或古街口，是一处地标性建筑物，且大多由全石块构成。虽然古代牌坊不高，大约就相当于现在的两三层楼高，但在古代建筑体系中，这已经是整个村镇最高的建筑物了。因此，不论是贩菜村妇还是农夫工匠，不论是官员小吏还是上学孩童，每一次路过时都多少会被牌坊那高大身影散发出的气场所影响，而每一次抬头仰望就自然地受到一次教育熏陶。久而久之，这个村镇的人便或多或少地拥有了某种共同的价值观或气质。

徽州地区散落的千座古牌坊辉映出当地的人文荟萃，潮州古城牌坊街重建了几十年前被拆毁的几十座古石牌坊后方证潮州为"岭海名邦"。

当我们依据手机导航的指示初到一座古村镇时，时常不能分辨哪里是老区、哪里是新区，可能一时也无法找到古村镇的入口，那么请你不要着急，只需抬头寻望，如果能看到一个古朴、高大的身姿安静地矗立在那里，那你的心中便可以稍微窃喜——八九不离十找到古村镇的核心街区了。此时你只管走近前去，给这个身姿拍上若干照片，然后不必迟疑地走进城去，因为以这个身姿为首的整个古村镇几乎所有的历史和文化积淀都将呈现在你的眼前，等待你去品读。

## 进入时光隧道之门

我曾跟随导航，从成都驱车三个半小时，到达尧坝古镇游客中心。见此处只是一条老街的起始点，没有售票处，也没有游客中心，有的只是两旁处于半歇业状态的店铺（因为当时是夏天下午两点多钟，路上的温度足有36℃以上，处于午休时段），我有些失望，心想该不会来到了一个"不营业"的景区吧？此时，一个古老斑驳的身影就矗立在跟前，让我眼前一亮——这是一座建于清嘉庆年间、顶部长着青苔、三重檐四柱三开间的石质武进士牌坊。我走上前去想看个究竟，却见牌坊旁边立着一块告示牌，上面大致写着"牌坊风化严重，游客不要停留"的警示字样。凭此我判断，今天应该来对地方了——这里可能是一处保持着原始风貌的古镇老街，一个还没有被现代人改造修复的地方，或许也是一个当地人并不会当它是景区的地方！

于是，我顾不得烈日当空，决定下车观察一番。因为不好停留在牌坊旁，我便迅速穿过牌坊，沿着石阶来到了一座叫"添寿堂"的四合院老屋里。老屋是当地名人王朝闻的故居，现在活化成展览馆，一条楼梯很自然地连通着上下两层。阳光照射着长着青苔的天井，加上每个房间都开着灯，这让我既看到了老屋原来的功能布局，又没有历史沉淀的厚重感和阴暗感，这里像仍在使用的住宅一样，而不像是个展览馆！走出院子，踏上老街，老街的景象进一步验证了我的判断——自己仿佛进入一个现实的梦境里，或是看到了一部让人身临其境的电影，让我直接从当代穿越到了民国时期。现在想来，穿过那座斑驳的武进士牌坊就像进入了时光隧道之门，而引领我进入时光隧道的机关，便是立在牌坊旁边的那一行警示语！

# 12 古楼阁

许多古村镇都曾经建有楼或阁，高度至少两层，主要为了登高赏景和聚会赏景使用，也有作为佛教、道教等宗教场所使用的，还有作为城门楼用以远眺观察敌情的。古楼阁可能就是古代当地建筑的最高点，具有地区标志性和一定的导航指示作用。与塔不同，楼阁每层的面积比较大，容纳的人数比较多，既可接待达官贵人，也能迎来普通百姓。只是由于建筑材料、地震、火灾、战乱等原因，木结构的古楼阁现今已所剩无几，许多天下名楼其实也都是最近几十年重建的。今天如果还存在百年以上的古楼阁，那便是相当珍贵了。

## 见证繁华的市楼

在山西晋中平遥古城内的明清街上，现存一座清康熙二十七年（1688）重修的楼阁式高层建筑，名曰"市楼"。它就位于平遥古城最繁华大街的中心点，高18.5米，底下一层用砖砌台基和外包砖墙进行承重并架空成过街门洞，上面还有两层楼，三重檐木构架，是城内唯一的楼阁式高层古建筑，也是全国重点保护文物之一。据说明代时当地就有约定，全平遥城的建筑高度都不能超过它。目前，为了保护这一古楼，已不让游客登楼观景了，但从在平遥古城十米高的城墙上已经可以望遍古城大多数建筑的屋顶这一点来推断，当年登上市楼，凭栏俯瞰底下的南大街，街上熙熙攘攘、南来北往的客商、马队、货物、镖旗皆可尽收眼底。

可能在康熙年间重修之前，市楼便已经见证了晋商早在明末时期以张家口为基地往返关内外进行贩贸活动的历史，见证了山西商人对清军历次大规模军事行动的财力资助，见证了晋商作为清朝的皇商所获得的商业特权，见证了晋商钱庄票号汇通天下的庞大金融体系的形成，见证了平遥古城作为清代我国金融中心的繁华与高贵，也见证了随着清政府的倒台而没落的古代晋商和逐渐冷清的街上行人，如今又见证了新时代里平遥作为我国四大古城之一而吸引了纷至沓来的中外游客的新气象。值得一提的是，这座市楼还有另一个名字，叫"金井楼"，就是其楼底下原先是有个井的，传说井内水色如金，所以取名为"金井"。中国五行讲究"金可生水"，而井水能灭火。平遥古人在建楼之时一定考虑到防火的问题，因此干脆在楼下挖了一口井，若发生火灾，便可及时扑灭；而这也应该就是市楼能留存数百年没被火烧毁的关键因素了。

## 平临云鸟筹边楼

四川理县的薛城古镇，位于两面高山的河谷的狭长地带中，扼守着川西平原通往青藏高原的东西向要道。这里的山腰上有一处亭台楼阁、城墙门楼高低密布的区域，其门口处一块木牌上写着"民俗博物馆"。我兴致勃勃地迈了进去，看到鱼池、喷泉，听到旁边山上飞奔而下的溪水哗哗作响。在这方小天地中,我分明感受到了一股底蕴颇深的力量在散发出历史的讯息。定睛一看,就在入口旁边,绿树掩映之处,有螺旋楼梯绕着一座小山盘旋半圈,山体之上是一座两层楼高的正方形重檐歇山式木结构建筑,飞檐翘角,雄伟壮观,名曰"筹边楼"。

筹边楼始建于唐朝,于清乾隆年间重建。历经200多年风雨侵袭,已有倒塌的危险,当地政府于2005年投入27万元资金进行了保护性修复。当时政府进行的是"保持原貌,保证安全"的修复,27万元的资金可能足够做好修复工作,却一定不足以重建筹边楼。于是,今天才能让我们在此感受到来自几百年前筹边楼的形状、材料以及发生在它身上的事件所沉淀下来的深沉底蕴,让人感受到羌、藏、汉族官员、士兵和百姓在此把酒言欢、登高望远时,那豪气干云直连两侧高山之巅的气概。

薛城镇是大唐茶马古道隘口的边陲重镇,当时修建筹边楼的剑南西川节度使李德裕在此与少数民族首领联络感情。唐朝女诗人薛涛曾来此登楼,留下一首在当地广为流传的诗:

平临云鸟八窗秋,壮压西川四十州。

诸将莫贪羌族马,最高层处见边头。

该诗首尾两句指出筹边楼建在河谷中突起的小石头山上,加上楼的高度能与云鸟的高度相平,因而能望到当时边疆的尽头,中间两句写出了筹边楼的雄壮和军事价值。后来,当地人干脆以女诗人的姓为名,将此地改称为"薛城"。

我缓缓走出古城门洞,路边三位身穿蓝色长袍配彩色花纹马甲的老妇人紧挨着一位穿着汉族服装的老妇人坐在花圃边,正在阳光下眯着眼睛谈论着什么。我猜不出她们是什么民族,却喜见当年的边城发展成为今天

四川理县薛城古镇筹边楼

山西平遥古城市楼

以羌族为主，羌、藏、汉和谐共居的古镇。不远处，一家饭店门口道路的两旁停满了车，人们在路边欢喜地谈笑着，穿着不同服饰的人们进进出出——看得出，是有人家在操办喜事了。

## 阴平古道八景楼

百年以上的古楼阁已经很罕见了。一些最近几十年修建的楼阁，由于本身在古村镇的建筑中算比较高的，所以我们往往能在其上找到观赏古村镇全景的最佳视角。

四川青川的青溪古镇，在四街交汇的十字路口，建有一座底层四面开门洞的四层高"八景楼"，底层为砖墙，上面三层为木结构，上下楼梯设计精巧奇趣。这座八景楼也是古镇里最高的建筑。

有意思的是，从上面三层木结构表面尚未脱落的油漆来看，这八景楼原来木结构的表面竟然是蓝绿色的！这种蓝绿色在古镇城门边的清真寺，以及城门外商业街的牌楼和路灯柱等地方，都能找到类似的颜色与之相呼应。原来，青溪古镇是一座回、汉杂居之城，所以八景楼的形制取自汉族的飞檐翘角，而颜色则取自回族常用的蓝绿调和色，象征大自然和安宁祥和。

八景楼四面悬匾，其中东面为"紫微高照"，西面为"阴平古道"，一下子便道出青溪古镇曾经是成都北部著名的战略要道——阴平古道上的军事重镇。可见，八景楼是形、意、色、景集合的佳作，登其楼而品其城，岂不乐哉！

## 起凤楼阅读青木川

在陕西省汉中市与甘肃、四川交界的地方，有座青木川古镇。我到达古镇的时候，已是傍晚黄昏时分，街上悬挂的灯笼亮起了灯。由于当天还要赶路，所以我需要在天黑前对这个古镇来个快速的"阅读"。好在进入街区不远，就望见街中有"楼"的身影，走到跟前，发现这是一座三层高、独立于街中心的"起凤楼"。起凤楼底层架空，现代钢筋混凝土框架结构，一楼四个角内侧有窄窄的仅容一人攀行的旋转楼梯，二三层虽同样为框架结构，但飞檐翘角，略有古风。

登楼就可见主街两侧是两层半高带坡屋顶的商家店面，屋顶整齐宽广，略显崭新。我马上判断，此处还不是古镇的"古"地，于是赶紧走下楼询问，很快便找到了附近的飞凤桥。

当我看到飞凤桥下浅浅的金溪河床中，突起一道道可供人行走、被水冲刷得表面光滑的石梁，以及桥对岸回龙场老街两侧有近百户二进的古朴沧桑的四合院老宅时，我不由得为"看望"到了一座成形于明朝时期的古镇而心满意足。此时天色已黑，我在金溪河边吃了一顿具有当地特色的石锅鱼，夏季里漫天飞舞的昆虫扑向餐桌旁的灯光，偶尔几只还掉落在汤锅里，但这丝毫不影响我对鱼和古镇的品味。

不得不说，街中新盖的造型别致的起凤楼起到了关键的作用，它让我看得见屋舍街道，望得见周围的山水，从而得以迅速找到古城老街，一了古城寻迹的心愿。

# 13　古戏台

戏台作为村镇人民文化娱乐或敬神的建筑，往往存在于神庙门口的广场旁，或在大型神庙祠堂中入门的上方，或位于集市的旁边，或搭于主要街道的交叉处。在古代，戏台几乎就是村镇里最重要的文娱性建筑；在当代，其也是传承传统文化的重要场所，是游子乡愁的重要组成部分。

## 寺登街上的回响

云南大理和丽江之间有座沙溪镇，镇里保留了一个古集市。古集市外围就是普通的城镇，里面才是古集市所在的寺登街。在古代，赶马的汉子从西藏运来皮毛和药材，在这里交换成藏区紧缺的食盐、茶叶和其他物品，有的还到大理等地做生意。

这条街街名的由来，是因为街旁有一座建于元末明初的佛教密宗寺庙——兴教寺。寺登街最热闹的集市也是当地最宽敞的地方，就在兴教寺与其对面一座建于清代的古戏台之间的四方街上。

两根前柱矗立在街心的宽大戏台，在四方街上显得尤为突出。每当节日到来，戏台上上演戏曲杂技时，那些牵着马、带着货物的马帮人定然会欣然驻足观看，古镇的人们也扶老携幼地围拢过来。演员们以声音、戏词、乐器、道具、布景向观众源源不断地传播着平时难以欣赏又喜闻乐见的曲目，在热闹气氛之时，也在教化观众、传播道德观念，凝聚集市的人气，扩大集市的名气。

此时，最开心的莫过于几家在戏台两侧对称分布的商铺的店主以及广场中的少儿。在大人看戏的喜庆氛围中，小手拉着大手，淘气的小儿踮起脚对着商铺平置木板上摆放着的各类零食和玩具指指选选，经过一番简短的"参详"（商量）后，大手给出了些许银币，小手拿着称心的物件，蹦跳着走了。

马帮人也趁此人货齐聚的热闹之时，圆满地完成交易离开了。他们大概会因为戏台演戏的热闹和商品货物的齐全而记住寺登街，默默告诉自己，以后还要来这里做生意，等他老了，也会告诉他的后辈一定要来。因此，寺登街被公认为茶马古道上唯一幸存的集市而一直延续使用至近代。在2001年10月，寺登街还与中国长城等建筑一起被列入"2002年世界纪念性建筑遗产保护名录"。

另一方面，小儿们因为戏台演戏的热闹且获得零食玩具而在精神和物质上得到了双重满足，他们记住了寺登街这个戏台，以及戏台两侧商铺所构成的整个文化商业系统。当他们长大远行以后，无法忘怀且满怀期待的是，还能回来赶上观看寺登街戏台的大戏。

就算他们回来的时候，戏台上没有人在演戏，他们也还是会回到这里来看看。因为只要戏台还在，深深印刻在脑海深处有关乐器声和演员唱戏的韵律的记忆就会被调动出来，声波仿佛又从戏台上传播开来，那些精神和物质被双重满足的美好童年时光又再次浮现出来。不过，他们肯定还是盼望着能够过节看戏。只是，当他们真的回来赶上戏台开戏之时，大概已

四川泸州尧坝古镇东岳庙戏台

经失去了到旁边店家购买零食的欲望；最关键的是，当年牵过小手的那双大手，还在身旁吗？

## 船形街中的闲聚

四川乐山的罗成古镇，有一条始建于明代崇祯元年（1628）的船形街。相传这里位处山地，降雨少又难以聚集人气，于是有个秀才建议"若要不缺水，罗城修成舟"。果然，当船形街建成之时，毗邻四州八县的人纷纷远道前来看稀奇，一时间人来人往，罗城古镇便兴旺热闹起来了。

这条长209米的船形街，街头有个灵官庙，中间最宽处有9.5米；此处建有一个面向庙宇的戏台，戏台前摆了几排可供看戏的座椅。其实，船形街两边店铺之间的距离是有一二十米宽的，但当地人直接在店铺前六七米的位置竖起一排立柱，立柱与店铺之间架梁搭起屋顶，形成当地人称为"凉厅子"、高度约为两层的长排瓦屋。由于两边店铺都伸出去搭建了"凉厅子"，这便导致中间露天的街道宽度反而变窄了。

在"凉厅子"瓦屋下，外侧靠露天街道一边设有茶桌，里侧靠店铺一边则留出人行通道。因此，这条船形街实际上沿街有三条人行步道，一条露天，两条在瓦屋下。整条街的核心，就是中间的这个戏台。节假日及每周固定时间，戏台都会有表演。我到达的时候刚好在拍摄节目，戏台上表演了戏曲、武术等节目。

罗城人因为有了这个微风吹拂又不怕雨淋日晒的"凉厅子"，几百年来白天从不间断地有人在这里喝茶、打牌、喝酒、吃肉、听小曲、掏耳朵。这条没有树木、没有流水的街上，唯一能聚集人气的，就是街道中央这个首层架空了的戏台！人们最喜闻乐见的就是戏台上有演出，人们要么在听戏看表演娱乐，要么在等待听戏看表演的时光中找乐子。当地人则大多习惯来这里会友、休闲，他们在成为游客眼中罗成文化景观一部分的同时，也在打量聚散不定的游客，并且心中多少感到自豪。热闹，有时就是一种人看人的体验，你在看风景的同时，风景中的人也在看你。

因为有外国人将这条船形街复制到国外的"中国城"，加上外来游客络绎不绝的探访和体验，罗成人便把戏楼文化和"凉厅子"的茶牌文化演绎到了极致，使这条船形街成为"老四川文化的扛鼎之作"。这一切，看似起源于这条造型别致的街，但实质却是依靠戏楼能不时集中演绎当地的各种艺术，以视觉、听觉的冲击和声波的回荡，来强化它的文化形象，提升人的愉悦感，同时凝聚了外地人和当地人的人气，最终延续了老街的生命。

## 古戏台的意义

虽然传统戏曲逐渐淡出了现代人的日常生活，可它一旦上演，竟又显得稀贵起来。当锣鼓声再次响起之时，人们往往会奔走相告，重新围拢过来。来的人，有的是出于好奇，有的是出于对戏剧的鉴赏和品味，也有的仅仅是为了通过手机将其分享给更多的人。传统文化艺术因为有了观众的欣赏而有了传承的动力。这一切都需要有个舞台，且演出想要有最好的效果还是要在古戏台上！

有了古戏台斑驳古朴的外貌和环境作为衬托和见证，戏剧这种传统艺术中新演员和历代老演员之间便有了表演环境和剧本的重合，新演员在古戏台上演出便可以更好地投入到戏剧故事发生的古代社会背景中，从而取得更佳的表演效果。

而古戏台前的观众区，也存在着独特的地理气场。不论是磨得锃亮的石板还是青砖、黄土地，这里都曾经聚散过历代观看戏剧又感同身受的观众。当今天的观众来到这里时，态度上大概会郑重些，古戏台也一定能帮助观众更好地投入到戏剧演绎的古代背景中，或者说投入到戏剧创作并盛行的年代，让观众更好地与戏剧本身进行交流，让他们在品味戏剧的唱词、表演、情节、精神、伴奏、服饰、布景等方方面面艺术成就的同时，其精神也真正获得享受与升华。

## 14　题刻字

### 一次交流思想的机会

阅读古村镇的题刻字，是了解古村镇历史文化和人文风情最便捷的方式。这些题刻字可能存在于古村镇的宗教、文化、衙署、祠堂、牌坊、亭台楼阁、居民宅院等建筑物的匾额、楹联、碑记、石刻之上。好的题刻字及其含义往往能对景物起到点睛或提神的作用，尤其是名家大师或重要政治人物的题词值得特别关注。

只是，文字是无声的，它所存在的介质又是静止的，如果没有人介绍，我们的脚步可能难以到达，目光可能无法涉及。更多的时候，我们总是匆匆一瞥而过，很少会去关注书写者的名字，也就错过了与重要题刻字对视的机会，错过一次与古人交流思想信息的机会。

即便我们关注到了，通常又容易出现另外一个问题，就是古人的题刻字都是先用毛笔撰写后再刻画上去的，由于字体多样，如果我们没有行书、草书、篆书等的知识基础，往往很难迅速有效地识别每个字。所以，对于题刻字中写得端正且容易识别的，我会比较喜欢，因为它贴近平民，受众更加广泛。

当然，古人的书法造诣比大多数当代人要高出许多，或其文字的受众本身就是一些内行人或具备较高书法水平的人，那么，彼时的题刻字就不再是一种单纯的传播信息的工具，而是一门艺术了。如再配以颜色和木石等介质来表现，往往能带给人以美感或某种意境，这样的题刻字既是阅读古村镇背景的渠道，也成为古村镇的一道风景。

## 匾额上蕴含的姓氏信息

古村镇里最常见的题刻字，是楼宇匾额上的文字。除了表达主人对美好生活的祈望外，楼宇匾额上的题刻字最常见的是含蓄地反映该户主人的姓氏信息。这一类的文字主要分两种：一是反映祖上的郡望和官位，带有追溯士大夫阶层名门望族的自豪感；另一种是表达传承祖上美德家风的愿望。

湖南怀化的高椅古村，是个以杨姓村民为主的侗族村落，现在还保留有一百多栋明朝洪武年间以来的古建筑，且大多悬挂"清白家声"的牌匾。究起渊源，"清白家声"来自东汉时的清官杨震。杨震任东莱太守时，其手下的官员半夜给他送来了十斤金子，对他说："天黑，无人知晓。"杨震正色说："天知，神知，你知，我知，何谓无知？"后来，有亲朋好友劝他为子孙后代置办些产业，杨震坚决不肯，他说："让后世人都称他们为'清白吏'的子孙，这样的遗产，难道不丰厚吗？！"因此，杨氏后人门上悬挂"清白家声""清白家风""清白传家"等牌匾，不仅是在表达传承祖上美德家风的愿望，还彰显其祖上出过像杨震这样享有美誉的清官。

在广东潮汕地区，许多古民居大门上的门匾都有反映其姓氏信息的题刻字。比如我的家乡饶平县余氏的许多古民居门匾上多刻有"节度流光"四字（"流光"是福泽流传至后世的意思），楹联则一般为"节度家风远，封州世泽长"，意思是始祖在元朝时被封为封州节度判官。其他的如郑姓的"荥阳世家"、陈姓的"颍川世家"、吴姓的"延陵世家"，都是以古郡名来反映姓氏，一来告知后人应不忘当初迁徙的出发地，二来反映出始祖出自某个名门望族。门阀制度盛行于科考选拔制度之前的魏晋南北朝时期，彼时选拔官员使用的是推荐制，门阀士族几乎垄断了荐举权。与高门望族相比，门第较低、家世不显的家族则被称为"寒门"或"庶族"。

在云南大理，白族也很注重自家的姓氏文化，往往把反映户主姓氏的信息含蓄地写在民居的照壁上。他们的表达更加含蓄、文雅和注重美德，而不太突出本姓有过什么大官员。比如，"眉山挺秀"是指苏姓（大文豪苏东坡一家出自四川眉山），"青莲遗风"是指李姓（李白号青莲居士），"琴鹤家声"是指赵姓（北宋宋神宗时曾任侍御史的赵抃，为官刚正不阿，被时人誉为"铁面御史"。相传平时生活中的赵抃情趣高洁，举止潇洒，家有一张雷氏名琴，还养了一只白龟和一只仙鹤，不论是外出访友还是走马赴任，他都一并随身带着）。可见，白族人民没有溯远高攀远祖的高位或名门望族，而是更加追求品行上的高洁、才华上的超逸和学识上的渊博，其价值观更加高尚和务实。

## 捐纳官位的品级和价格

清代时与科举制度并行的，还有官衔的捐纳制度。特别是清中后期，捐纳制度运用泛滥，向政府捐款就可获得官衔（一般是文官衔），盖房时就可以在门楼上设牌匾书"某某第"。在广东潮汕地区和客家地区，时常

湖南怀化高椅古村

甘肃天水市区胡氏民俗博物馆

能看到许多老宅上写着"某某第",其中即有捐纳得官衔后所建之宅。

清朝官职的品级中,五品以上官阶称为"大夫",六品以下官阶称为"郎",具体细分如下:

五品及以上的官阶:光禄大夫(正一品)、荣禄大夫(从一品)、资政大夫(正二品)、通奉大夫(从二品)、通议大夫(正三品)、中议大夫(从三品)、中宪大夫(正四品)、朝议大夫(从四品)、奉政大夫(正五品)、奉直大夫(从五品)。

六品及以下的官阶:承德郎(正六品)、儒林郎(从六品)、文林郎(正七品)、征仕郎(从七品)、修职郎(正八品)、修职左郎(从八品)、登仕郎(正九品)、登仕左郎(从九品)。

乾隆三十九年(1774),部分官衔必须捐纳的款数为:四品道员16400两,从四品知府13300两;五品郎中9600两,从五品同知6820两;六品主事4620两,八品县丞980两。120余年后,光绪二十六年(1900)四品道员捐款数额降至2773两,八品县丞捐款数额降至210两。咸丰六年(1856)时,从九(品)衔只需要捐纳20两,甚至还出现了"沿乡劝捐"的强制捐款现象。因此,大家看那些"大夫第"是否"值钱",要看其是清代什么时候修建的,越早期越"值钱"。

# 15　工艺品

古村镇周边生长的动植物或蕴藏的矿产,经常会被制作成既有观赏价值又有实用价值,特别是有经济价值的工艺品。

## 是纪念品又是宣传品

这些工艺品,有的对人体具有特殊的功效,当地人自己使用,也加工推荐售卖给外地人。

湖南湘西和贵州铜仁出产朱砂石。当地盛传,说1969年翻修天安门时,在屋脊上发现的"镇楼之宝"中就含有朱砂石和五彩粮(黄豆、高粱、黑豆、谷子和玉米)等物品。如今,在湖南凤凰古城里到处可见售卖加工朱砂工艺品的商家。

我国西南少数民族,如苗族、瑶族、侗族、白族、傣族等民族,都有佩戴白银的传统。因为白银首饰或用品首先在视觉上会显得华丽炫目,功用上可以保鲜,可以当嫁妆,可以当彩礼,还可以作为财富进行传承。许多地区未必出产白银,但却有加工使用白银的工艺和习惯。不少古村寨就有这样的能工巧匠，制作银器银饰也算是当地的传统工艺之一。以前不少旅行团开发少数民族村镇旅游，经常会安排当地村民当导游进村进家讲解介绍，同时也推销售卖银器。

我在湖南墨戎苗寨买过一个纯银保温杯，质量就相当不错。一件品质过硬又价值不菲的工艺品，实际上既是纪念品，也是一件宣传品，是对当地人诚信品质的一种无声宣传。最终，会增加该村镇和人民的美誉度，吸引更多游客或顾客的到来。

## 品读古村镇的介质

古村镇里所售卖的一些工艺品，可能就是当地一项特色鲜明的重要文化遗产，是我们品读古村镇不可或缺的介质和凭证，并且多数工艺品未必是很昂贵的。

在四川绵竹年画村，一位售货员拿着毛笔蘸着墨水，在一叠彩色年画上填画着最后的黑色部分，她手法纯熟，还一边聊着天。看得出，她既是售货员，也是一位作画的工艺师。几十块钱一张的年画，说不上画工很精细，却是融美好寓意、典故、成语和绘画技艺于一体的中国传统文化的集合体，我自然也挑选了两张作为纪念。

我曾专程来到有着"中国画扇之乡"美誉的广西桂林福利古镇。漓江边的码头旁，一座写着"福利"二字的拱形门楼和一座写着"蔚起人文"、四面通透的两层魁星楼建筑，造型独特古朴，算是古镇的标志性建筑。这两座建筑，一面倚靠着码头，一面连接着老街。据说，小镇的居民有一半是近百年迁徙来此的外省人的后代。

老街两边散布着几家售卖画扇的商店。店里正经营着这座古镇名扬四方的文化产业——画扇。当时看起来觉得普通常见的工艺品，如今想起来却觉不凡，因为画扇至少集合了竹艺、纸艺、美术和书法四种具有中国特色的工艺和技艺。这些画扇大小不一，内容丰富，其中不乏字、画、形均佳的作品。我花25元买了一把画扇，并让店老板帮我在画扇背面用毛笔写上"看望，中华文明访思录"。只见店老板不假思索，左手轻按画扇，右手毛笔挥动便一气呵成，布局和字的大小都不错，最后还加上了地名和我的姓名。

我打开扇子，在老街上边走边轻轻扇动。字的含义和画的意境，便在一阵含有墨香的清风中飘散开去。我顿时明白，漓江岸边那造型独特又极富美感的门楼和魁星楼，与这画扇工艺有着某种内在的必然联系。

当年因战乱逃难而来的广东、湖南、江西、山东、安徽、福建等地的外省人，同时也带来了五湖四海的传统手工和艺术，这些中国传统工艺在此地融合成一把画扇和两座门楼。这些外地人，在用画扇养家糊口的同时，还可以书画故乡的风情，可以书画一路上领略到的大江南北的风景。因此，画扇虽小，却可容天地！

## 体现古村镇内涵的封面

各种各样的工艺品，既是古村镇历史文化与现实的集合实物，又是我们品读古村镇的一个封面——一旦看到这个封面，其中的内涵便可回味起来。所以，当遇到一些当地有特色且价格实惠的工艺品，我都会收集放入囊中。

在四川上里古镇的街边，一位十多岁的小姑娘用枫树叶编制成青蛙、草蜢、鱼等竹绿色的手工艺品，每件才卖3元！我毫不犹豫地买了一只枫

广西桂林福利古镇魁星楼

树叶青蛙，然后在一旁的江边点了一杯绿茶，将树叶青蛙摆放在旁边。

来自大自然的树叶，被精巧地编制成自然界中的青蛙形状，喝着这杯同样源自自然的水和茶，倾听河水哗哗涌去，看岸边水汽飘起形成一道自然氤氲的薄雾，目之所及，都很自然！我发觉，我融入自然的方式，其实就始于这件纯天然的手工艺品！因此，我必须感谢古镇这位手巧、朴实的姑娘，是她以3元钱这么低的售卖价格，让我能轻易获得这件工艺品，然后又迅速淡忘了它的价格，只关注物件本身，让我能一心投入到欣赏它的自然材质和形状的忘我状态之中。后来，树叶青蛙被压扁散开了，但我却清晰地记住了它，也记住了这个古镇的自然气息。树叶青蛙就是我品读上里古镇自然内涵的封面。

# 16　文庙

## 古城的标配

文庙,又称孔庙,是古代祭拜孔子的地方,也兼有书院、学堂或考场的功能。许多文庙后来都改名为学宫了,如广东肇庆地区有始建于宋代、重建于元代的德庆学宫。乡村里很少有专门设立文庙的,文庙所在之地在古代基本都是县城及州府的所在地,如阆中古城、平遥古城等。凡有古城,多数也建有文庙;文庙是古城的标配,如今也成了古城的重要景点。

许多文庙的主体建筑能被保存至今并获得修缮的原因,一方面是其建筑质量结实,占地面积较大,房屋数量较多,在中华人民共和国成立后曾经被改造成学校或行政办公场所等,有的还是近代某位名人居住或使用过的场所(比如广州农民运动讲习所,就是在明朝孔庙的基础上改设的,清代时其曾更名为番禺学宫);另一方面,则可能跟儒家理论的政治地位有关。

## 文庙的布局

文庙一般坐北朝南，所以从文庙开门的方向我们就可以大概判断南北西东了。文庙中轴线上依序会建有棂星门（或櫺星门）、状元桥加泮池、戟门（或大成门）以及大成殿。文庙主体为大成殿，殿中会以神龛方式供奉孔子以及四配、十二哲神位，建筑多雄伟堂皇。此处对文庙建筑配套的布局规划做个普及介绍，以使得我们能更好地品读古城镇。

首先说说棂星门。"棂星"，即天田星。古人认为棂星"主得士之庆"，是专门管官运、文运的星宿。櫺星门，表达天上的文星聚集在此门槛的意思。泮池，也叫月牙池，泮池上面的桥叫状元桥或仰圣桥。"泮池"来源于《周礼》中的"辟雍"，原意是周天子设置的四面环水的大学堂（学宫），设池为圆形，如同玉璧。文庙用其圆形的一半，以示区别。大家可能也发现了，"棂星""櫺星""泮池"等词，在日常生活是很少接触到的，属于生僻词。在我国古代，它们都是与官星文运相关的词语。

再说戟门和大成门。戟门是指古代军营中的军门，也泛指古代时人们会在重要、神圣的地方列戟，以显示等级和威严。也有人觉得戟门这类事物放在文庙中不够文雅，于是不少文庙就改戟门为"大成门"（俗称"宫门"，占地面积小的文庙则不设这道门）。

大成殿是文庙的主要建筑，是祭祀、瞻仰孔子的地方，其名出自《孟子》："孔子之谓集大成。"文庙两旁还可能立有儒家的"四配"塑像，即颜回（子渊）、曾参（子舆）、孔伋（子思）、孟轲（孟子）；规模大些的文庙还设有儒家十二哲塑像，分置于孔子塑像东西两边，分别是：东面有闵损（子骞）、冉雍（仲弓）、端木赐（子贡）、仲由（子路）、卜商（子夏）、有若（子若），西面有冉耕（伯牛）、宰予（子我）、冉求（子有）、言偃（子游）、颛孙师（子张）、朱熹（元晦）。广东肇庆的德庆学宫，其大成殿是建于元代的木结构建筑，面阔17米多，进深17米多，打破了传统八柱撑空的木梁架结构，减掉了殿中四根柱，让殿内空间开阔敞亮，在湿度较大的广东能有元朝的木结构建筑保存至今实属难得。

大成殿后面可能还设有"崇圣殿"，是古代祭祀孔子祖先的地方。再往后还可能设有"明伦堂"，是古代读书、讲学、弘道、研究之场地。古代文庙最北端还有个藏书的地方，名曰"尊经阁"。大成殿前面东西两侧还有东西厢房、东西庑殿（或庑廊）。

而文庙最南端，还可能建有一座高高的墙，类似照壁，对外写有"万仞宫墙"。我在四川成都唐昌镇的文庙外，就看过这四个大字，起初还不明其意，如今体会到"万仞"二字体现了人们对孔夫子高深学问的赞誉之情。

## 试院与贡院

除了比较普遍的文庙建筑外，许多州府、省府所在地的古城中还有供考试用的试院。省府中的大型试院，称"贡院"。明朝全国有十五座贡院，分布在顺天、江南、浙江、江西、湖广、福建、广东、广西、云南、贵州、四川、河南、山西、陕西、山东等地。清雍正年间，湖南和湖北分闱，光绪年间再建立甘肃贡院，此时全国共计有贡院十七座。现广西桂林独秀峰下的靖江王府，就是清朝时的广西贡院，有考舍5500间。福建长汀县的汀州试院，明清两代是汀属八邑秀才应试的场所，曾经还是福建省苏维埃政府的旧址。南京秦淮区的夫子庙，则是一组由孔庙、学宫和贡院三大建筑群组成的规模宏大的古建筑群。

广西靖西县旧州古镇风光

# 17 古桥

## 实用的经典与艺术品

多数古镇都是沿着河岸分布的。为了沟通两岸,便会在河流上架桥。因此,古镇往往都存有上百年的古桥。这些历经了载重的变化、风雨的吹刷、寒暑的缩胀、水流的冲击、地震的摇晃和时间的检验的古桥,已证实其建造工艺的恰当和技术的高超,如今成为实用的经典。

桥梁还能够与周围的河流、山川、民居、街道、亭台、花木等相得益彰,也能够与日月云霞、飞鸟彩虹等相映成趣,它们本身也是古村镇一道重要的风景。

古桥凌空飞跨两岸,数不清有多少贩夫走卒、英雄豪杰、达官贵人、才子佳人在桥面上风光往来,最终又归于尘土。最后,只有它仍在那里默默负重走过上百年。当它看惯了云卷云舒,也看惯了水涨波落,更看惯了人间百态之后,它便已经不仅仅是一座通行的建筑物,而已成为一件饱含岁月沧桑的艺术品了。

## 承载人文历史的风景

古桥既是一道风景，也是一件艺术品，是组成古村镇不可或缺的重要构件，也常常是古村镇最重要的几处文明遗产之一。所以，品读古村镇，赏桥、登桥、拍摄桥是常规动作。当然，每座桥的风景不同，欣赏角度不同，承载的人文背景也不同。

1. 江南水乡的桥

江浙一带的江南水乡，因为小河密布，所以小桥也密布。以前，小河里的船和小河上的桥都是当地人倚重的交通工具和设施；如今，小河里的船成了风景，小河上的古桥也成了风景；常常是桥上的人在看风景，周围风景里的人也在看桥！古桥、小河和人，加上河岸边的白墙黛瓦、斜风细雨、垂柳薄雾和红色灯笼，构成了一幅幅恬雅闲适的中国水墨画；而构画的核心，便是河上的一弯古桥。

2. 云南沙溪古镇的玉津桥

云南大理沙溪古镇土黄色的城门外，冬日里一弯清澈的河水如飘带般盈落在广袤的田野上，河水旁鲜红的腊梅已经绽放，一缕从远山投射过来的夕阳照向不时有人牵着马吧嗒吧嗒走过的那一拱平坦的百年玉津石桥。萧瑟的寒风吹来，一幅茶马古道的历史画卷就这样舒缓地出现在眼前。

3. 四川上里古镇的二仙桥

四川雅安高山上的上里古镇有座二仙桥，宽厚的粉红石板铺在近乎是半个圆的拱圈上。桥上不设栏杆，中间的石板还有些凹陷。湿润的气候令桥身泛起一层青苔，侧面长满小草。有意境的是，雨后的河面上飘起一层约半米厚的白雾，盘绕在桥面上，将桥身与两端桥台直接分开，久久未曾散去。此时，仿佛桥就飘在了云端，成为真正的"仙"桥。

4.湖南德夯苗寨的接龙桥

湖南湘西有一座现代化的上行车、下走人的矮寨大桥。矮寨大桥的出名，不完全是因为它的桥梁建造技术，而是因为走在桥上可以领略桥底下德夯大峡谷的风光。我来到峡谷底的德夯苗寨，除了欣赏四周断崖石壁的峡谷风光外，开始习惯性地四处找寻苗寨的历史积淀。当我看到一座半圆形、建于1933年的古朴如上里古镇二仙桥的"接龙桥"时，便满意地登上桥，穿行离开了苗寨。之所以会感到满意，一是因为以石桥为节点的这一条路线几乎串起了德夯苗寨最主要的商业街和民居，还有寨边的河流；二是因为古石桥的出现证明这里确实是一座古寨，而不是一座因为商业利益而开发的新寨。

## 木、石、水的自然与沧桑

在我国苗族和侗族居住的地区经常能见到带有屋顶的风雨桥。桥上两旁设栏杆、长凳，形成长廊。跨度短的可以是纯木结构；跨度长的则在桥底建石桥墩，石桥墩上建塔或亭，檐角层层翘起，通风且美观，再将粗大的木梁放置在两个桥墩之间。实际上，在桥上建亭塔，既有艺术上的考量，也有结构稳定性的考虑——木梁如果没有重物压着，就容易倾覆。

广西柳州程阳八寨，寨前是一座建于1924年、带石桥墩的木结构全国重点保护文物——永济风雨桥。百年的历史，使得整座桥散发出岁月的气息，遍布着被岁月之手抚摸过的痕迹。我先在江岸边拍下它的全貌，再郑重地一步步走过它的桥面。只见历经江水冲刷的石桥墩上横跨着一根根黝黑粗壮且中间略微向江面下弯的完整树干，桥面上的桥板因人的行走震动摩擦而发出些许吱呀声响,抬头向上,看见的是那可能是被侗族村民烧火唱大歌而熏黑的几个亭塔的内顶。这一切,让我在当时无法集中精神完全从结构上去解读它,只觉得那是一种美,一种沧桑之美,一种木、石、水等自然元素带给人类的亲和之美,一种规则中又略带不规则的神秘之美。

当天傍晚七点,我在侗寨里吃了一顿土鸡汤锅以温暖冬季里的身躯,之后发现路上已经没有游客了,天色黑到需要打开手机灯光找路的程度。当我沿着主路、打着灯光再次走过永济桥出寨时,蓦然回首,发现这座几乎支撑起八寨旅游业的老桥上竟然也没有设灯光!我想,寨民如此安排,似乎是在告知游客——夜晚来临了,寨民要安息了,你要么找家民宿住下来,要么请在天黑前离开,挺立支撑了八寨核心景观的永济老桥此时也该卸下负担,在夜幕里由水气山风给它做个轻松的保养了。

永济风雨桥,一方面连着八寨,一方面连着寨民的作息生活。上桥就是进寨!作为游客,我很欣然地离开了八寨,让桥、寨、村民继续保持原有的生活状态,就是对古村寨及其历史文化最好的尊重和保护。

## 献给劳作农民的精品

在离湖南永州勾蓝瑶寨几百米外的田野之中,有一座仅仅13米长的单拱石桥,名曰"培元桥",桥面宽6米,石桥高5米。如果在其他地方,那它就只是这个造型,就是一座孤立在田野中默默无闻的桥,也就进入不了游客的视线。然而,当地人的审美情趣却不止于此,他们在培元桥的桥面上竖起了木头柱子,搭起了瓦屋面,桥两侧围起了护栏,做成了风雨廊桥。不仅如此,瑶族同胞还在桥的两端各建起一面高约两层的徽式门楼,白墙黛瓦马头墙,两端各留一个拱形门洞。这种设计造型端庄高雅,让人

湖南永州勾蓝瑶寨培元桥

广西柳州程阳八寨永济风雨桥

在每次过桥时就像进入了一间房屋一样，很有安全感和领地感。

不过，瑶族同胞的审美情趣还在发酵——可能觉得从河中间看过去，只有一个不高的石拱和屋檐柱子，稍显单调，于是，他们又在风雨桥的中间再凸起一层，建了一个阁楼，使整座桥桥面往上的空间高度达到5.6米。阁楼上飞檐翘角，让桥有了飞升的动态，顿时让桥灵动了起来。

我从侧面观察，只见桥下的水面宽度也就4米左右，其实搭上几条木头铺上木板，也能通行。这座建于清光绪二十二年（1896）的风雨桥，不仅反映出当地瑶族同胞的匠心独运和极高的审美情趣，也反映出当时人们生活安稳且对前景充满信心，才会舍简取繁投入大量资金和工艺修建了这样一座桥。

最令我赞叹的是，这座勾蓝瑶寨最美最繁复的桥，不是建在村寨里，也不是建在马路边，而是建在离寨一里远的田野之中。他们将美好和智慧奉献给了在野外劳作的村民，让他们在劳作之余得以在桥上依栏而歇。河水悠扬，清风飒爽，蝴蝶翩跹，小鸟双栖，劳作的疲累顿时便可转化成舒心和惬意。

这座造型精巧的桥安放在稻田菜地之间，以大山和瑶寨为背景；当田野间耕种的农民直起腰擦汗的时候，只要望见这座桥，从任何角度看都会是一幅美景。就像在现代城市里，高楼林立、灯火辉煌的中央商务区，对在这里办公的人们会有一种无形的激励一样，这座精美的培元桥对在它周围耕种的人们也带去了一种精神上的鼓励和抚慰，让他们更用心、更专注地耕种美好的未来，不惧怕风雨，不迷失方向。

后来我才知道，这种形制的风雨桥在靠近湖南的广西富川瑶族自治县里也大量存在，其中有27座明清廊桥被打包列为第七批全国重点文物保护单位，它们是湖南到广西、潇水到贺州的潇贺古道上散落的明珠。两千多年来，从军事要道到商旅通道，潇贺古道沟通着湘桂两地人民的往来，用陆路连接起湘江和西江水系，发挥着重要的交通作用。

和我判断一致的是，这座精巧的培元桥背后蕴含着当地瑶族人民辉煌的历史和文化底蕴——自唐以来，仅勾蓝瑶寨里就先后建过5座戏台和66座寺庙，历经五个朝代，至今仍保留有明清两代的民居300多栋，寨里随处可见亭台桥榭、雕梁画栋。

可见，一座桥的背后，往往就是一个古村镇历史文化的缩影。

## 政气文风的启闭商道

在我的家乡潮州古城，有座连通闽粤两省、横跨韩江东西两岸的古桥——广济桥，也叫湘子桥。它集梁桥和浮桥于一体，是中国第一座启闭式桥梁。广济桥在韩江上分别建有桥墩、石梁，在桥墩上设桥亭，唯独江心空出近百米，白天由十八只木船连接起来作为浮桥供行人通过，晚上则拆开木船让韩江上下游的船只通行，被人戏称"过河拆桥"。

从南宋乾道七年（1171），以八十六只梭船架设浮桥，并在江中间砌一座长宽均为五丈的大石墩以固定浮桥开始，广济桥经过历代建设，又历经江水冲刷损毁，再随着建造工艺和材料技术日臻成熟，才逐步演变成如今的样貌。我曾看过清末时期广济桥的照片，当时石桥墩之间架设的是木梁，且桥墩上还建有瓦顶木屋，木屋底部伸出桥墩外足足有一米——许多根木材上端支撑着木屋底部，木材下端则立插在石桥墩的台阶处，看起来这些木屋就是吊脚楼。

如今的广济桥是21世纪时修建的，不能算古桥。但从南宋时初设浮桥算起，广济桥至今已经绵延近千年。虽然千年前的桥已经不见了，但其建造理念却逐步改进演化至今：在明朝嘉靖九年（1530），形成了"十八梭船廿四洲"（即十八艘船和二十四个桥墩）的现有格局；清初，广济桥毁于兵火后又重建；1958年，架设钢梁铺设路面还通了汽车；2003年，以修旧如旧为准则，以重现明代风貌为设计依据，重建为如今的旅游观光步行桥。

广济桥的历史跟国内多数大跨度古桥一样，都是一次次被损毁，又一次次被重建。也许现在水面上看到的桥墩，正是立在几百年前的桥墩石头之上！当我漫步在广济桥上，欣赏潮平两岸阔的景象时，徐来的江风吹得人如痴似醉。此时，耳边似乎传来各种叫卖声，有潮州话、客家话，还有闽南语，桥墩上茶馆酒肆里还传出潮剧和丝弦乐——那不就是古代广济桥桥面上摆摊设店的桥市的繁华景象吗？

于是，我翻开拙作《一江潮客情——潮汕与客家历史文化访思录》，书中关于广济桥的描写跃入眼帘。我仿佛看见清代老相片中夜晚的湘子桥上木屋瓦房窗户里透出的几点微弱煤油灯光，看见古代南来北往的大中型货船轮舟游弋出绵延数百里的满江渔火，璀璨如漫天星光；到晚上，沿韩江上下游的潮客码头，下至龙湖寨、樟林港、庵埠、沙汕头，上到三河坝、松口、茶阳、汀州码头，该是通宵达旦的繁忙；天亮后，当十八艘木船连起铁锁再次横锁江面的时候，湘子桥上的茶楼货铺门面开启，连通闽粤东西要道的木桥面上，吆喝声、叫卖声又串起了这座桥市的热闹。此时，开元寺的钟声，越过潮循道府城广济楼之顶，顺着广济桥，飘到了对岸韩文公祠所在的笔架山上。就这样，一江联通潮汕与客家地区，一桥联通闽与粤。当潮州人从商贾云集的湘子桥上走过时，不知有没有想到，让他们的后代立足四海的，竟是横跨府城政气与韩愈文风之间的这条窄窄的连江出海的"商道"。

# 18　古塔

## 塔的类型与用途

在古代，古村镇里最高的建筑物，除了楼阁就是塔。常见的塔，有石塔、砖塔和木塔；塔最初跟佛教的传播有关。在古村镇里，塔的用途十分广泛，总结来看，有以下几种。

一是挡风。因为塔比较高大，基座又比较庞大，具有抗风的剪力作用。因此，古人常在村镇中风速快、风力大的方位建石塔，以减缓风速，减少风害，使村镇人民的生活更加安稳舒适。潮州饶平柘林镇有一建于元朝的镇风塔，就是为了降低从风吹岭吹来的东南海风对山下村民生活的影响。有些建在江河中沙洲岛上的石塔，主要也是为了减缓江风的速度，"藏风聚气"，让大风气流到此有所回旋。柘林镇出海口旗头港小门峡的小岛"龟屿"上，也建有一座石塔，名曰"龟塔"，传说也是为了挡风聚财。

二是作为靠山。有些村镇地势比较平坦，为了增强居民的安全感，村民便会建塔，将塔作为村庄的后靠山，有"一塔可抵一山"之说。

三是增强文运。古人认为塔像一支笔，于是通过建塔来增强并延续一个地区在科举考试中的运气，这样的塔就是所谓的"文峰塔"。比如，广东潮州饶平三饶镇南出口的山上就建有文明塔，广东汕头潮阳棉城市区修有文光塔。不少古村镇的文峰塔上供奉有文昌君、魁星等象征科考中第的神，这样的塔通常又被称为"文昌阁"或"魁星楼"。

四是焚烧字纸。在四川元通、街子等多个古镇和贵州的下司古镇、青岩古镇，我都见过"字库塔"。字库塔实际上是古人专门用来焚烧字纸的建筑物，高度大约几米（元通古镇的字库塔有五六层楼高），有的地区称为"敬字亭""焚字炉""字藏塔"。这是古人基于文字崇拜的一种表现，所谓"惜字如金"，写过字的纸要么存放起来，不需要保存的就拿到塔中焚烧。这些字库塔经常建在书院旁或街道中间，在古村镇中十分显眼，也是当地的地标之一。

五是指示航向。这样的塔常常立于海边，或位于江河中的急流险滩处，或位于江河拐弯处，起到引导航船行驶的作用。建于山顶的塔对陆路交通也起到一定的指向作用。

六是登高望远。许多古塔的内部都建有盘旋而上、可供人们攀登的石梯，每一层还有可供瞭望的小窗，其目的就是为了古人能登高望远，此时"塔"的作用与"楼"有相似之处。只是古代楼的层数不多，且楼上有比较大的可供人聚集活动的空间，而塔一般仅能从塔身上的开孔或门洞往外瞭望，每层能容纳的人不多。

七是瞭望敌情。既然塔可以登高望远，便可以观察远方。在动乱时期，塔的作用相当于碉楼，不但高而且隐蔽，爬上塔顶可以瞭望敌情，底下可以供人住歇，必要时塔身上的开孔还可以作为射击口。

八是景观象征。由于体量高大，塔很容易成为人们仰望视角里的景观。塔和它周边的山川树屋一起，从某个角度和某些时候看过去，往往可以构成一幅风景画卷。雷峰塔就是杭州八景之一"雷峰夕照"的主角。许多人对一座村镇城市的第一印象，往往就是当地的一座塔，于是塔便成为当地的一个象征。比如延安宝塔是革命圣地延安的标志，大理市崇圣寺三塔是大理古城的标志，广州电视塔则是广州现代化都市的标志。

## 发散着岁月的信息

古塔由于历史悠久、形态独特且高大显眼，往往成为当地著名的旅游景点。这些塔矗立于大地之上，虽然有的塔身长着植物，有的已经倾斜，有的因地震、雷电等因素而顶部坍塌，但正因为如此，古塔才更加彰显它作为当地历史见证物的宝贵性，越经年累月遭受风吹雨淋，就越能散发出饱受日月精华的神气。其古朴挺拔的身躯就像现代的发射塔一样，时刻发散着大地和岁月的信息。

而当人与塔以及它周围的景物一起合影时，古塔似乎能源源不断地给予与它合影的人们一种坚定的力量和一股昂扬的神气，似乎在鼓舞人们：抗住风雨、迎接光明！我想，它的力量来源于它的根部——它所屹立的这方水土，而它的神气则潜藏于空气中——日月风云对它的眷顾！

默默不语的古塔在一年年的春风秋雨中，吸引着一代代南来北往行人的目光，并在行人心中形成了一个倒影。这个倒影，既包含了周围的江河湖海、山丘草木，也包含了古村镇的容貌变换，还应该包含了一方水土的神韵。

广东饶平县元代镇风塔

广西富川秀水村秀峰河边新建的塔楼

# 19　碉楼

　　古村镇里,作为民居建筑一部分的碉楼,一定比普通民居要高,首先起到瞭望的作用。其次,它虽不是军事工程,却有守卫民居之用,通常有居民或家丁值守。在我到过的地区,有四个区域比较集中地出现了碉楼建筑。

## 分散在田野中的开平碉楼

　　第一个碉楼建筑集中出现的地方是广东江门市的开平地区。这里的碉楼分布广且分散,主要是二十世纪二三十年代旅居美国、加拿大的华侨回来修建的。这些华侨年轻时外出打工做生意,有的去旧金山挖矿,有钱了就在国外让人画好图纸后带回乡建造。因为当时当地匪患严重,便形成了碉楼样式的民居营建之风。我到过开平的自力村,只见这些碉楼是一种集居住、防卫和中西建筑艺术于一体的多层塔楼,楼体主要以钢筋水泥砂石为结构材料,很少相连在一起。碉楼在乡间、田野或村里独立建造,基本是正方形或长方形的楼体,门小,窗小且高,顶楼设有天台和可射击的枪眼,一楼不设天井,采光通风并不理想。有人认为这些碉楼是"四不像",不全类中也不全似洋,不全民用也不全军用。最关键的是,它们就分散在田野之中,与中国人普遍的认知中田野里不会有高楼的印象大相径庭。因此,现代人初见碉楼时会觉得它们略显突兀。但其实,它们已经给予过它的主人一段时期的庇护,它们的价值已经实现了。这就足够了!

让我尤为关注的是,这里的每座碉楼都有名称,这些楼名集中体现了楼主人的抱负和期望。比如早期的中山楼、耀华楼、共和楼、华焕楼、国兴楼等名字,都体现了主人对国家兴盛的期望。后来的碉楼则多采用寄意安居乐业及闲情逸致等自我满足的命名方式。再后来,抗日战争爆发,本已回国定居的碉楼主人再次纷纷逃亡国外,许多人从此再也没有回来了(也有的是在1950年代举家离开的)。

现在的开平碉楼,大多已经没人居住了。成为旅游景点的碉楼,有人管理维护,里面仍然放置着当年的家私器具,给了后人一个了解当时社会、经济、文化、技术等的窗口。而更多分散的碉楼则已经掩盖在荒草和大树之中,与世人隔离,只在民房旁探出一个高高的略显灰黑的身影,露出三角形的用欧美花纹图案装饰的圆顶,上面依稀可辨"某某楼"三个字,仿佛还在等待它的主人或后代能从海外回来再次开启那扇70多年都没有人开过的门。而有的门确实被打开了,来的人小心翼翼地跨了进去,一楼的会客厅还挂着装有其祖先黑白照片的相框;走上楼梯,房间里的衣架上挂着一顶礼帽;橱柜半开着,露出一截衣服;还有一个鸦片盒,盒里露着半块大烟……

## 客家围屋角上的碉楼

第二个出现碉楼的地区,是广东的韶关、河源、惠州、深圳等北江和东江流域的汉族客家民系居住的区域。这些地区的客家古围屋的四角或前面两角经常设有碉楼，与江西赣州客家地区的大围屋相类似，它们是城堡和四合院住宅的组合体。在古代，一座围屋就是一座小城堡，也可能就是一个村落。围屋里的碉楼要么比围屋的其他房屋高出一两层，跟围屋里其他房屋一样高的碉楼则会有向外凸出的结构，以增加观察和打击面。

我到过的广东省韶关市始兴县隘子镇的满堂客家大围，是于1860年代建成的三座方形大围屋，其中两座围屋的四角设有碉楼。

客家围屋里的碉楼只作瞭望和防守使用，一般不住人。当年，围屋里几十户甚至上百户居民可能就是轮流到碉楼上值班守望的，也包括轮流打扫围屋里的公共卫生，如此的生活环境、生活方式以及分工配合方式，造就了客家人的内敛与团结。可以说，正是这些城堡式的大围屋，让客家人在明清更替之际逐步迁徙到广东珠三角和广西西江流域等平原地区后得以生存下来，大围屋是他们在当地立足发展的一大法宝。如今，许多客家人已陆续搬出围屋，到周边的高楼洋房里居住，这些围屋便被当作祠堂和展览馆使用了。

## 抵御匪患的郭峪碉楼

第三个碉楼密集存在的地区，在山西省的东南部。我到过山西省晋城市阳城县的郭峪古城和皇城相府，郭峪古城其实是郭峪村，因为是城堡式村落，所以被称为"城"；而皇城相府原来也属郭峪村的地界，门楼上现在还写着它的原名——"中道庄"。它是清康熙年间的文渊阁大学士兼吏部尚书陈廷敬家族的故居，因为康熙曾两次下榻于此，所以称"皇城"。

明崇祯年间，农民起义军的流兵曾四次攻入郭峪村为害百姓。郭峪村除了中道庄中一座修建于明崇祯五年（1632）、用以避难的七层碉楼"河山楼"免遭涂炭之外，其他处所的人家均备受伤害。目前来看，河山楼也是皇城相府的标志性建筑。其为砖石结构，长15米，宽10米，高23米，带地下一层，共7层。河山楼三层以上才设有窗户，进入楼的石门高悬于二层之上，需要通过吊桥才与地面相通！楼内还备有水井、碾、磨等生活设施，储备有大量粮食，以应付可能出现的长期围困。

河山楼建于明崇祯五年，工程尚未完工，流寇就不期而至，陈氏家族及附近村民共八百余人入楼避难。流寇久攻不下，扬言要采取火攻，楼内村民将井水从楼顶泼下，以显示准备充分，流寇最终知难而退。此后十个月内，流寇又先后三次进犯，依靠河山楼的庇佑而逃过兵灾的村民多达数千人次。

崇祯十三年（1640），郭峪村首领之一王重新带头出资，以《礼记·中庸》中"凡事豫（预）则立，不豫（预）则废"之意，建设了郭峪村的第二座七层碉楼——"豫楼"，并建起平均高12米的外城墙（据说比北京故宫的城墙还高出1米），后来也多次成功抵御了匪患的骚扰。豫楼仿照河山楼而建，长15米，宽7.5米，高30米，七层建筑。底层墙厚2米，墙厚随着楼层的增加而逐级缩减。第一层为暗层，内置有石碾、石磨、水井、暗洞，暗洞可进入暗道，暗道由砖拱构成，共两条，均可通向城外。

来到郭峪村，除了村中还存在几十座明末清初官宦人家的建筑外，令我印象深刻的，就是豫楼的地道了。从豫楼二楼往下走两层便到达负一层，可看到砖砌拱顶的地道，地道宽度可以容两个人侧身通过。据说地道原来有三个出口，现在一般走大约200米就能出来到达一处人家的院里，也是原先出资修建豫楼的王姓乡绅家里的梳妆柜处。

我没太在意郭峪古城和皇城相府曾出过多少进士、贡生和高官，因为在我的家乡广东饶平县的一座八角形客家土楼里，清朝时就出过九位进

山西阳城郭峪叫郃古城

四川丹巴县中路藏寨

士。倒是皇城相府和郭峪古城中心高高矗立的河山楼和豫楼，其造型独特、功能特殊、设计巧妙、实用又富有神秘感，给我留下了深刻的印象。

这两座碉楼历经近四百年的风雨沧桑，仍旧巍然屹立。后来，郭峪村没有人再盖比它们更高的建筑了，不是为了继续发挥碉楼的防守瞭望功能，而只是为了纪念并突出两座碉楼在那纷乱的年代里庇护过村民的功绩，让游客以仰望的视角来瞻仰它们的重大价值。碉楼以及底下的地道，一个在明处，让人无须寻找就能轻易发现；一个在暗处，就算寻找也未必能找到入口，就算进入也未必能顺利通过（因为地道里分布有机关和分叉）。碉楼在明，可以让人登高远望，豁达舒畅；地道在暗，则可以让人好奇寻幽，刺激紧张。如果你还信任从明朝到今天的砖拱结构的稳定性和可靠性的话，那么不妨进入这冬暖夏凉的地道，来一次跨越时空的穿梭。

在幽静的地道里，或许还可以听到地面上传来的当年流寇侵犯郭峪村时的骚乱声，及其对碉楼的撞击所产生的震动与回响，或许能想见数百村民扶老携幼躲进碉楼里时的拥挤与恐慌，以及村民对水、食物、空间等资源的互助与互让。楼上，传来瞭望者紧张的汇报声，传来首领镇定的指挥声，也传来了壮士的放箭打枪声；一楼则传来了旋转井绳打水的声音，飘来了蒸粮食的香气；而在地道里，因为空气流通不畅，不时传来老人的几声咳嗽和婴儿的几声啼哭……最终，流寇看到短时间内没有油水可捞，便闹哄哄地赶往其他地方抢掠去了。当村民们走出碉楼庆贺胜利的同时，一面加紧了在村外修葺高墙，一面忙着到村边的各间神庙里还愿祈福……

最重要的是，每当夜晚到来，明月就倚在碉楼的檐角旁，碉楼里闪烁的灯光和最上层卫戍民兵绕楼观望的身影，让村民们倍感安全。于是，有的人继续低头挑灯看书准备科考，有的人则早早入睡好起早打铁营商。不得不说，在相当长的岁月里，碉楼就是郭峪村民的"守护神"，而黑暗的地道则寄托着村民心中最踏实的希望与出路。

## 云朵上的碉楼群

第四个古碉楼集中的地区，当数四川西部阿坝州和甘孜州的岷江流域与大渡河流域的羌族及藏族聚居的地带。这里是成都平原与青藏高原的过渡区域，也是汉族与羌族、藏族的结合地带。这些古羌、藏村寨就位于河谷两侧的高山中部（不过新建的村寨则逐渐靠近河谷和公路了，因为社会稳定，现在首要考虑的不是居住安全问题，而是生活便利问题）。我看到有碉楼的地方，岷江流域以羌族村寨居多，大渡河流域则以嘉绒藏族村寨居多。只要开车路过这一带，不时就会发现山上的羌、藏村寨里矗立着一座座乍一看颇像烟囱的碉楼。这些羌、藏村寨的主要建筑就是石砌房屋和碉楼。

这些碉楼的高度在10～30米，用作御敌和贮存粮食柴草之用，多为四角、六角、八角等形式，主要建筑材料有石、黄泥、麻筋，以及用以分层的梁和楼板的木材等。碉楼内侧与地面垂直，外侧则由下而上向内稍收缩，显得牢固厚重。

碉楼根据所在位置不同，有不同的功用，分为家碉、寨碉、阻击碉和烽火碉四种。家碉一般与住宅连在一起，是该户人家出资建造的，主要为自家使用，一般不会建得太高。至于公共使用的寨碉、阻击碉和烽火碉，如果没有人介绍，恐怕当地人也分不太清楚。

在龙溪羌人谷，村口处耸立着一座目测足有十层楼高的碉楼，碉楼的门开在了一楼。我估计这是一座公共用途的碉楼，而且建造时间不会太久——古代碉楼的门大多会设在离地面数米高的地方，门前放置一架不固定的独木梯供人上下，一旦敌人进攻就可以随时抽走独木梯。

在丹巴甲居藏寨，有一座位于村寨靠近河谷处的碉楼，上面写着"红五军团政治部遗址"字样。这座碉楼，是当时的土司让出来给红军使用的。当年山谷下根本没有公路，这座碉楼的位置就处在交通要道旁，所以是一座公用碉楼。

## 神秘东方古堡的羌寨碉楼

存有羌族碉楼且比较有名的村寨当数四川理县的桃坪羌寨。桃坪羌寨的老寨位处半山腰，背山面水，坐北朝南，据说始建于汉武帝元鼎六年（公元前111年）。只是现在所看到的老寨的建筑年代已不是很清楚了。桃坪羌寨不仅有碉楼，而且还因为一层有巷道，地下有水沟，加上各家房屋在二、三楼相互连通，构成了立体的防御体系，因而被称为"神秘的东方古堡"。

进入寨口的巷道，抬头是看不到天空的，因为头顶上都搭建着房屋或过道！宽度不足两米的巷道两侧是石砌的墙体。巷道中如果没有灯光的话，白天也是幽暗的。巷道底下则是可以容纳人弯腰或爬行通过的水沟。水沟里哗哗的山泉水不停地从高山上冲刷而下，可以作生活用水和消防用水。

如此神秘的古堡，如果没有人指引，走起来恐怕会晕头转向。于是，我在村口请了位村民做导游。她好几次把我们领到了某座老房子的某个位置，让我们自己或是弯腰通行，或是攀梯下行，或是登梯上行，她则每次都走"大道"，在约定的出口处等着我们。老屋里不设电灯，偶有阳光射进来，能看到空气中飘浮滚动着灰尘，映照着四面被火塘熏得发黑的墙壁。在这里，老屋和暗道时刻散发着历史的韵味，充满着羌族古老的气息，吸引着人们继续探索羌族的民俗文化。

这里的旅游开发已经比较成熟了，在导游的带领下，我们去寻找一家碉楼进行攀登考察。桃坪羌寨的老碉楼现存有三座，分别是小琼羌家、陈家碉楼和余家碉楼。我选择了跟我同姓的余家碉楼来攀爬。也许是学习过建筑工程专业的经历，面对建筑结构或天然的土石结构，我都会比别人想得更多一点，换句话说，是多了些"不必要"的顾虑。

现存的这几座老碉楼都抵御了以往多次的大地震。尤其是桃坪羌寨所在的地方，在2008年还经历过一次牵动全国的地震。凑巧的是，当时我正好走进四川东部某个楼盘的销售中心里，而那也是我第一次来到四川地区！地震无情，人间有爱，如今，十多年的时光过去了，震中的人民已经重建起家园，安居乐业，让人欣慰。

在余家碉楼前，我很快就打消了多余的顾虑——既然这几座碉楼连同桃坪羌寨的主体房屋都在地震中没有受损，那我们今天去攀爬也应该是安全的。老碉楼能向游客开放，这是多么难得的机会，那就上去一察究竟吧！

因为这个四角碉楼属于"家碉"，是某户人家自建自用的，所以进入碉楼需要先进入这户人家家里，然后往上走两层，到达楼顶的平台，才看到进入碉楼的门。在碉楼里，一层的木楼梯连接着上一层的木平台，就这么往上爬，我竟忘记了一共有几层了，只记得达到最顶层时，看到一个半露台，前方围着类似女儿墙的矮墙，两侧突起两根石柱，放着白色的石头。露台上的视野很开阔，风也比较大。看得出，这座碉楼的位置处在寨子的后方。如果寨子前面密道遍布的巷道没能阻挡敌人的进攻，那寨民最后才需要躲进碉楼里。

既然碉楼能抵御强烈的地震而完好无损，那它应该也可以抵御住强敌的进攻。想来悠悠岁月中，应该也没有什么敌人能够攻进寨里。

我小心翼翼、手脚并用地下了楼，在桃坪新老寨子之间的果树林下点了杯绿茶怡然自得地品味起来。夏天稍显强烈的紫外线穿过果树的枝叶，射向透明的玻璃杯,照在我的脸上,水蒸气带着茶香刚冒上来,就被傍晚高原的山风微微吹拂到我的脸颊上,我深吸一口夹着茶香的山寨空气,顿觉神清气爽。山风继续顺着我身旁的石阶吹上老寨,穿进了巷道,穿下了水沟,又闯进连通的宅院中,最后钻进碉楼的门洞和射孔,飞向山顶的白云间……此时,我在羡慕寨民生活的气候和环境的同时,也由衷地感叹羌族先民选址、规划和建筑的智慧。我似乎有些明白,羌族被称为"云朵上的民族"的缘由了。

## 天空之城里的藏寨碉楼

藏族碉楼比较集中地出现在四川甘孜州的丹巴县。我们在位于河谷旁的公路上抬头仰望,很难发现山上有大型藏寨存在,但当汽车根据导航,沿着盘山公路上行,海拔上升几百米后,眼前竟然出现了一片开阔平坦的高山坝子(高山上的平原),有平坦的田野,有散布在田野周边藏族特有的墙体白色、屋檐红色的独立宅院民居,能看得见炊烟,也闻得到泥土、动植物与人类生活所散发出的混合气息。宅院和田野之间的过渡和衔接,依靠的是道路和各种果树。这里便是丹巴中路藏寨!

中路藏寨与附近知名的甲居藏寨的区别在于,中路藏寨拥有一片面积有几个足球场那么大的平坦坝子,还有更重要的一点——中路藏寨拥有散布在民居旁边的近百座碉楼!据统计,中路藏寨有碉楼88座,包括保存较完好的22座、残缺的58座和碉楼遗址8处。

这座位于高山之上的庞大乡村,以高山、蓝天和白云为背景,拥有白、绿、红、黄、蓝、橙、棕等颜色;平坦的田野和草地,一两层楼高的梨树和桃树等果树,以及三四层高的民居,加上七八层的碉楼,形成了村落的高度层次；而瘦长的四角碉楼，方块状的民居院落，近似圆形散开的果树，以及规整的田野，则形成了村庄的景观体量和形态的变化。据说，每年三月，满山梨花、桃花绽放，这里便吸引了众多游客前来观赏拍照。许多游客到达这里，有种豁然开朗、发现了新大陆般的欣喜，也常把中路藏寨视为"世外桃源"。而我则惊喜地发现，这是一座似乎可以说是与尘世隔绝的"天空之城"，或者说是"童话里的乡村"。之所以有这种印象或联想，主要是因为眼前这随处可见的碉楼！

中路藏寨之所以碉楼林立，或许是因为中路乡下面河谷边的公路，向东就是通往四姑娘山直达成都的"熊猫大道"，向西就是丹巴县城的所在地，自古以来战略地位险要。

如今，中路藏寨的碉楼已成为中路乡不可或缺的景观，既是古建筑景观，是摄影的取景景观，也是历史文化景观。只有当众多的碉楼群还存在的时候，才容易让人联想到丹巴县曾经存在过的"东女国"。那是一个古老的以女性为王的国度。据说女王居住在碉楼的第九层，而民众只能住在六层以下。山下河谷的藏名，翻译成汉文即是"女王河谷"！

其实，丹巴出名的不仅是这里的风景，还有美女。现在，这一带的河谷都被统称为"美人谷"。值得一提的是，丹巴县三年一度的选美，第一名大多被中路乡斩获。有美景，加上传说中的多美女，自然引来了众多游客。

不过我想说，中路藏寨的碉楼群又不仅仅只是一道景观，它们依然还具有防卫的功能。就算沿途不少碉楼的顶部已经残缺，但昂立的碉楼群其实就具有无声的警告作用——告诫外来者，请尊重当地人，因为他们身上拥有祖先的基因，也就具有了祖先保卫家园的决心、勇气和智慧。

往山上观景台走的路非常狭窄，汽车只能停在平坦的坝子中，要再往上去到能看全境的观景台，只能走路或搭乘当地藏民特有的宽度极窄的小车。我下车走路时，抬头看到一个顶部已经残缺的碉楼上站立着几只秃鹫。秃鹫时而盘旋飞起，时而发出奇特的声音，鸣叫之声直击人的心扉。

我们请到了一位藏民开车带路。这位藏民老兄轻车熟路，将车开到了一处工地旁，便下车带我们走捷径——翻过两道石篱笆，拆了一道铁门，再走一段狭窄的遍地是带刺植物的山路，最终到达了观景台。由于是夏天，这位藏民身穿一件红色背心，一路哼着藏歌，十分开朗。我不时问他一些问题，他也一路介绍。到了观景台，他还给我们介绍远处洁白神圣的墨尔多神山；等到太阳下山，不反光了，他还帮我拍了几张美照留念，接着又带我们下山回到停车场。听说我们要了解住宿的宾馆，他又开车带着我们前去一家价格实惠的藏民客栈询价。我们所来到的这家客栈，一家三口也是十分直爽朴实。

借着落日余晖，我走到坝子的中心广场，再次环视起这座藏寨来，不仅为了记下周围的景观，而且为了回应心中的一些感知——这条从平坝通往山上至今仍十分狭窄的山路，以及高高耸立的碉楼，应该包含了寨民们对村寨历史文化的传承。而他们同我们一样，早就融进了中华民族的大家庭，招待善良的朋友有的是热情笑容和歌声！

此时，一阵阵清凉的山风携带着周围不知名的花果香把我裹挟起来。此情此景，令人陶醉。

# 20　古树

## 环境友善舒适与否的依据

建筑物能存留几百年的,在现在已经是极少数了。除了建筑材料和结构等本身的因素外,不少建筑在改朝换代的过程中还会遭受人为的毁灭。部分建筑或道路桥梁虽然能比较好地保留下来,但随着时间的推移,不免日显沧桑,后代如果不去维护,它们也会有垮塌的一天。纵观数百年间,不仅能存留而且还能不断生长的,恐怕就只有古树了!

我有个特别的认识,就是在漫长的进化过程中,人类的基因里一定保留了许多敏锐的观察、感知和生存的经验!这些经验使得人类在见到不同的事物和环境的时候,可以凭借主观感受来判断事物对自己是否友善,以及环境是否适合生存!

树木都是有形态的,尤以古树最为夸张。原因是,古树生长的时间较长,它与一般同类的树相比,会有如下几个特点:一是高度可能最高,二是主干可能最粗,三是枝叶可能最茂密,四是树冠直径可能最大。

古树在形态上的这几个特点决定了它常常就是古村镇里的主体景物。过往的行人往往会有所感知、触动或震撼,因而在其树荫下停歇;人们或

贵州铜仁尧上仡佬族村神树下的泉水

江西瑞金叶坪毛主席住址旁的古樟树
（挂着一颗没爆炸的炸弹）

拍照留念，或驻足仰视欣赏，或感慨岁月静好，或接近抚摸，或席地旁坐，或者也会迅速离开……

人类这一系列行为，就是一个感知、体会并对以古树为主的周边环境进行综合判断后采取行动的过程——当感觉舒适宜人时就会多加停留，当感觉气场不明确不安全时就会选择离开。

### 1. 安徽宏村的古树

安徽宏村，以牛形立村，有其村中山为牛头、树为牛角、屋为牛身、池塘为牛肚、桥为牛脚的说法。作为牛角的是两棵有四五百年树龄的20米高的参天大树（相当于六七层楼高），一棵是枫杨树（当地人称红杨树），还有一棵是银杏树（当地人称白果树）。这两棵树作为牛形村的重要组成部分，已经不是绿化点缀这么简单，而成为宏村适宜居住生存的气场辐射物了。

### 2. 广西贺州黄姚古镇的古树

在广西贺州黄姚古镇，走进两米宽的街门，映入眼帘的是两株长在河边的巨榕。它们的很多根须并不垂到地面上，而是像张开的龙的爪子一样悬在空中，所以它们分别被称为龙门榕和龙爪榕。可能是种在河边的原因，悬在空中的树根也依然能获得河面水汽的滋养。只见榕树全身长满了蕨类植物，在榕树旁边还分布着表面被河水冲磨得光滑锃亮、形态乖异的天然石块群。这样的景象，令来到这里的游客们心生敬畏。而实际上，黄姚古镇的居民区与这村口河边的古榕树仍有一定的距离，但仍然吸引了游客前来一睹树的风姿。

### 3. 广西柳州融水田头苗寨的古树

广西柳州融水田头苗寨的村头，有一棵千年榕树，其张扬又略带神秘的形态，与当地苗族深色的屋舍和民族风俗正好相呼应。苗族祖先选择在此地建寨时，应该觉得这棵榕树的存在证明了此地有生气，而且其散发的气息还和自身民族的特色相一致。只是几百年过去后，是树影响了村民的居住生产，还是村民影响了树的生长形态，已经难以界说清楚了。

## 古村镇底蕴与生机的证物

树木与人一样，都需要水才能生存成长。一棵百年古树存在河岸两边，大概也可以说明这个地方是适合人类生存的，其附近也往往存在百年以上的古村落。古村镇一旦有了古树，也多少能显示出古村镇底蕴深厚且生机盎然！

比如，福建漳州南靖云水谣景区，河两岸就分布着八棵有600年树龄的古榕树，周边也存在着几个大规模的客家土楼和村落。

比如，四川眉山柳江古镇河边有一棵800年的古榕树，旁边有小亭，一座小桥连通两岸，从岸边的古宅可以看出，这里在清朝时已经十分繁华了。

比如，四川上里古镇河边有几棵长满附生着蕨类植物的百年枫杨树，在印证着这里气候湿润的同时，也彰显出古镇的盎然生气。

一棵古树的存活，除了河水、冰川融水等看得到的地表水以外，它还可能依赖山上的云雾水和地下水，或自身对雨水的存储。总的来说，古树的存在，大概可以证明此处不缺水。

但单凭有水并不能决定人类可以在此处长期生存居住。人类生存还需要有食物、有阳光，不能太冷，也不能太热。古树的生存恰好也证明，这里会有足够的阳光，温度也适宜，附近还有水源。

所以，人类可以在其附近种植粮食，可以喂养或捕获动物，一般也不会有恶劣极端的天气来摧毁古树和房屋。

广州海珠区小洲村祠堂外的广场，有一棵枝叶覆盖面积超过一个篮球场面积大小的榕树。榕树的存在既能为村民提供乘凉的地方，其散发的水汽还能调节周围的温度。于是，村民也围绕它来布局村舍，还留出空地做广场，广场旁再建宗祠。在广东地区，通常古榕树、祠堂、池塘就是一个村落最重要的构建了。

在四川街子古镇，古镇上两条主街的交汇处有个广场，广场旁矗立着几棵生长了数百年的银杏树，当地人把这里称为银杏广场，晚上还有民众在这里跳舞。银杏树的生气带来了人气，同时也带旺了这里的商业气息。

在山西晋城阳城一个叫"天官王府"的古村里，有一个院落中长着一株已有500年历史的腊梅。腊梅不高也不粗，但在缺少雨水的山西地区，它的存在证明此地蕴藏生机（或许是有地下水）。往往有生气的地方才能生长树木，但只有生气旺盛的地方才能存活古树！

广西柳州融水小桑梯田旁边的村庄，有一棵千年杉树王，其位置处在村落外的梯田边上。当梯田外的风吹向村落时，首先会经过这棵杉树。杉树长得十分挺直，树枝分布也很均匀。它的枝叶，连同其散发的水汽和气势，无疑遮挡了部分狂风，减少对村落的影响。中国人讲究居住要藏风聚气，这个背靠高山、面对梯田的村庄有了杉树的庇护和点缀，显然更加宜居了，这棵树在当地也被奉为"风水树"。在广西和贵州部分苗寨的村口都种有"风水树"，这些"风水树"既是地标，同时也起到调节村寨内部气候微环境的作用。

贵州省从江县岜沙苗寨，是一座位于高山上的苗寨。可能在山上耕种粮食难度大，所以寨民在古代时主要以捕猎为主（山上也可看到养鸡、养狗的）。以前这里的男丁个个手扛猎枪，因此岜沙苗寨也被称为"最后一个枪手部落"。寨民认为是茫茫的大森林保护了岜沙祖先，是树木的庇护以及树林里的动物让岜沙人得以生存并繁衍（树根的锚固作用可以防止水土流失）。因此，岜沙人自古以来都有敬树、护树的传统，不少树干都挂着一个牌子，上书"××人的生命树"。他们认为，树的生长能让生命延续。这是一个人和树以及整个生态环境和谐共生的地方，他们祖先立下的规矩，也让他们得以繁衍生息至今。

贵州石阡县的尧上村是个仡佬族村寨，寨里有让小孩选择高大健壮的树拜为干爹的习俗。孩子从小认树为义父，自然会对树倍加爱护和关注。仡佬人信奉堆金积谷不如多栽树，要与树林共生共荣。村里有棵四人合抱的千年神树——"猴栗树"，当地人视其为"许愿树"，认为对其祈福能给人带来好运。一位爷爷牵着孙女散步到树下，孙女舀了一碗"神树"下方一眼山泉的水喂给爷爷喝，爷爷蹲着喝水，笑不拢嘴。爷孙的这个互动行为刚好被路过此地的我拍了下来。我想，这位爷爷一定经常带着孙女来到这里，一边舀泉水给她喝，一边还对着"神树"祈福。所以，女童记住了"神树"下的这眼泉水，加上时值夏天，这眼泉水定然也是甘甜解渴的。

# 21　古井

## 公共设施与信息交流之地

古村镇的居民为了取水方便，即便附近有地表江河水，也经常会打井以取地下水使用。古人对井的依赖，其实就是人对水的依赖，从做饭饮水、洗菜卫生，到家禽家畜的用水，甚至农田、果园、树林的灌溉等，都离不开井水。

在通自来水以前，人们几乎每天都需要到古井边取水。古井作为村镇的公共设施，井旁的公共空间也是人们认识和交流的处所，是信息的收集与传播地，也是一个感情的交流场所，多少家长里短，多少奇闻逸事，可能还有多少一见钟情，又有多少日久生情，都曾在井边发生。古井可能还是一个村镇公共秩序养成的地方，一个文明礼让美德养成的地方，一个传承纪念打井人的地方。古村镇人对古井的感情，往往超乎外人的想象。

贵州黔西南贞丰古城，这座以布依族人为主的古集镇，如今仍较为完好地保存着明清至民国时期的各式宫庙会馆、徽式建筑和四合院建筑，建筑材料有木材、石材和青砖等，让人目不暇接，堪称古建筑宝库。古城里依然生活着居民，街巷穿插密布。令我眼前一亮的是，古城里紧挨着民居老街旁有面石墙，石墙下有一口长约两米、宽约一米的长方形大水井，井水碧绿通透，两尾小红鲤鱼在路人的围观下悠闲地畅游着。这口井挖于1861年，水深不过半米多，又处于古城中部，旁边没有山也没有河，且还紧挨着居民楼，但井水却丝毫不受居民生活污染，竟如蓝宝石般清澈见底。在炎热的夏季，只需瞧上一眼，心情就会清凉舒畅起来。难怪，古城的居民喜欢来到它边上的凉亭中纳凉聊天，休闲交谈，水井散发的灵秀水汽可以说滋润了心境，消退了暑气。

我们大概可以从古井的形状、水质、历史、人物、功能，古井与村镇人民生活的关系，以及其与周边环境的关系来品读古井。

## 两千多年的人文祖井

在广东龙川佗城古城，有一口直径约2.5米的"越王井"，相传是秦末汉初独立建成南越国的赵佗命士兵开凿的，至今已有2000多年的历史。开凿越王井时，赵佗只是秦始皇攻打岭南百越大军的副帅，任南海郡龙川令，驻守在广东中部的龙川（这是个北可通达江西、东可通达福建的战略据点）。此井开凿的年代比赵佗后来去番禺（现广州市中心越秀区）称王时开凿的两处越王井（分别位于现广州市越秀区应元路和清泉街）还要早。很有意义的是，这口井自秦至今从没有干涸过，井水一直都被饮用着，据说井壁的砖有秦朝的，还有唐朝和清朝的。

俗话说，喝水不忘挖井人。两千多年来，人们源源不断地从这口越王井中打出井水来滋养生命，百姓和官员在维护、保护这口井的同时，也在维护着赵佗的美名，当地的龙川人更是直接以赵佗的名字命名此地。赵佗这位中原人，开创了在岭南掘井取水的先河，越王井是他将中原先进的生产技术与文化引入岭南的生动凭证。一代又一代的佗城人从孩童时便被亲人带到井边取水，并接受安全教育。在古代，孩童们玩耍口渴了，是没有什么机会可以回家烧开水喝的，大都是在井边让大人帮忙打水上来直接喝。烈日炎炎的夏天，孩童们来到井边，直接端起大人们打好水的水桶，从头上一冲而下，瞬间凉爽，然后开心地甩去脸上的水滴，又玩乐去了。等他们再长大些，就会帮家里来挑水做饭洗衣服了；再过些年，他们又领着自己的孩子过来取水，并做安全教育了……

所以，古井成为佗城人既亲近、依赖又有所敬畏的地方，最关键的是，它见证了佗城人从幼到老的自然生长过程，以及一代接续一代的世系传承。对于祖先留给当代并仍在造福后代的生产和生活设施，每代人都会心怀感恩。只是佗城人表达这种情感的方式，似乎是无须声张的，他们只需用水桶小心翼翼地取出井水，然后将自己欣然的表情投映到水桶的水面上即可。这个照面随波荡漾，照面里包含了祖先的基因，或许还包含着他们的些许嘱托——要爱护这口水井啊，是它给了你们生活和生存的基础！

据统计，从佗城古城播迁出去的姓氏有179个，城里现存有50多个祠堂，每个祠堂属一个姓氏，不大的佗城俨然就是一座中华姓氏文化之城。每个返回古城祭祖寻根的人，除了要到他们的姓氏祠堂上炷香、追忆先祖功德外，一定也会来看望祖先用过的这口越王井，看看水井是否保养完好，再捧出点井水打个照面，美美地抿上一口。如果井水仍然清澈甘甜，他们便可放心欣然离开了。一炷香、一个照面、一口井水，心灵或许便可与祖先相通了！

## 莲香美井滋养出的名将

广西藤县浔江边上有个新马村，是明末著名将领袁崇焕少儿时期居住的村落。离江边几十米处有个"莲花井"。说是井，但看起来却像是个七八平方米的三角形小池塘。因为井的建造者直接将圆形的井口打开一个约45°角的缺口让井水蔓延开去，然后加了段约45°的围墙将水拦住，并设台阶直接延伸到井水里。

这口井相传是袁崇焕的父亲修筑的，之所以取名"莲花井"，是因为在不远处袁崇焕的爷爷从故乡广东东莞带来莲藕种成了一个莲花池塘，因此取名"莲花井"与莲花池塘相呼应。这口用明砖砌筑的井，层级错落，线条伸展舒畅，极富美学形韵。小时候袁崇焕就在这莲花井附近读书、骑马。当他坐在井口上时，江风吹来阵阵莲香，眺望不远处碧波悠悠的浔江，只见向东是可以通达广州去做生意的西江，向北走漓江可到桂林，过灵渠后可进入湘江、洞庭湖、长江、京杭大运河，直抵北京。他立志向北走，后来，他在与后金的征战中打败了努尔哈赤，击退了皇太极，成就了一番功名。而他的一生也如荷花一样，始终清廉。

如今，当地的村民大概已经不需要喝莲花井的水了，便在井中养起锦鲤来。江风徐来，鱼儿轻轻摆动身躯，水面泛起涟漪的同时也升腾起一股安详醇厚的水汽。在村里一位小学生的引领下，我在树林里找到了袁崇焕的故居遗址，随后沿着江边他曾经跑马的路线走回了莲花井。这个民风淳朴的岭南小村能走出一位文官出身的名将，想必跟这个形态特别的莲花井、眼前这开阔的江边跑马地以及这条可以通达京城的浔江有关。水井如一方水土之眼，吐纳着这方水土的灵气。井水曾映照过聪明伶俐、胆大果敢，在井边学习玩乐思考的少年袁崇焕。比起旁边的纪念馆，莲花井作为跨越400多年至今仍有使用价值的历史物证，显然更加生动亲切。

贵州贞丰古城里的大水井

广西滕县新马村的莲花井

## 致敬默默无闻的荒废古井

当有了自来水后,当居民们陆续搬离之后,如今许多古井依然默默地存在古村镇的某个角落里,守护着它曾经发挥作用的那个村镇。

到达古井的道路或许已杂草丛生,古井旁边的房屋或许已是残垣断壁,井口边或许已长满青苔,井水或许已无人取用……但古井身上依然携带着大量古村镇人民世代生活的气息,携带着岁月的信息。虽然我们没有能力决定重新开发它,也可能没有勇气走上跟前去解读它,但无论如何,请让我们对其投以充满敬意的目光,致敬它曾滋养了这方百姓,致敬它曾伴随这方百姓创造了村镇的历史和文明!

广东饶平下浮山乡龟山南侧有一眼"饮马井",井的边缘有三道凹痕,相传是南宋末年当地抗元义军与元兵大战于附近百丈埔时,义军战马跪下饮水磨出的痕迹。该井位于当地三山国王神庙之前、古榕树之下,北有龟山为靠,古民居就依此两旁分布。此处是该村文化和建设规划的核心。虽然我看到之时,该井已经不出井水了,但据村民介绍,在他小时候该井曾是全村唯一的饮用水源。因此,这个曾经滋养过下浮山乡历代祖先的古井即便现在干涸了,但它的身上仍旧散发着深厚的历史气韵,依旧可以获得村民的称颂。

# 22　老街

## 老街的石地板与材质

　　所有的古村镇都会有一条或两条主要的老街道。这些老街道，有的是古代时南来北往的人或车马运输货物形成的，有的是由赶圩的集市或进行商品交换时形成的，有的是连接码头或桥梁形成的，有的则是古村镇中轴线附近方便居民进出的交通要道。

　　行走在老街上，我们往往只关注到两旁的民居和店家，以及店家提供的商品和服务，但老街中间的石地板以及街道的宽度等时常被忽略。

　　据我观察，如果街道的石头地板被磨得光滑，甚至有较大面积的凹凸不平，那大致可以判断这条街历史比较悠久（否则，很可能是近年重新铺就的），这些石头地板可能上百年都没有更换过。石板上留下了不同时期人们的脚印，本身就像一部无字的历史书，默默地等待每一位过客来品读。所以，当你感受到石板的凹凸不平或光滑亮眼时，不妨低头审视它，因为那可能是石板发出的邀请。而你的这一瞥，或许就是对它多年来守候在老街中间任人踩踏，磨去保护自己的外衣而依然无怨无悔的最高赞许！

在云南的丽江古城、束河古镇等茶马古道上的古镇老街上，许多路段的石地板人踩上去时会跐溜一下，而这一下，仿佛一百多年前三五成群的赶马人拉着骡马正从身旁走过，让人耳边有了叮叮当当的回响，不由得先要避让他们一下，待他们走过，再迈开脚步踏实地向前走去……

贵州赤水市区有座石沓沓古城，其实就是一条从山坡上延伸到赤水河边的古盐道码头老街形成的商业街区。如今，老街两边全是新建的休闲餐吧，唯有弯腰爬坡时，低头看见那凹凸不平、凿有防滑线的不规则宽大石板路，才意识到我们正走在一条百年老街上。当地完整地保留了这条石板老街，让人们行走在上面，得以瞬间接收到数百年前的商业气韵，让人的心境很快沉静下来。这时，不妨缓缓地关注欣赏下街道两旁的餐吧，不时拍张照，再走上前去考察咨询下商家，合适的话，便坐下来休闲消费。我想，必须为当地的旅游规划开发部门点赞，是他们让时尚与经典在此完美地融合为一体，于是自然带来了源源不断的商机。

老街地板的石块一般都是就近取材的。观察地板石块的材质、大小、颜色，可以发现当地其他古建筑物的石块材质及颜色大多也是如此。比如四川南部几个古镇街道的地板石块就都略微带点粉红色，似乎跟乐山大佛所在山体的石头材质相近。在四川南部与贵州交界处，有一条从云南流往四川、南北走向的著名红色河流——赤水河，想必就跟它流经地区的土质和颜色有关。

在广州北京路商业街，中间有一段街道用玻璃盖住，展现着上千年历史中几个重要朝代的路面材质和纹理。可见，千年古城的实物，不仅存在于博物馆或其他建筑中，还可以存在于街道上。

在成都人潮熙攘的春熙路商圈，有个叫"江南馆街唐宋街坊遗址"的地方，那里同样可以让游客透过钢化玻璃去观看路面下唐宋时期的排水渠和铺砖路面。在透明的钢化玻璃上，每踏下一步，仿佛隔空就能踩到唐泥宋砖上。我当时有些犹豫，生怕每一步的震动都会让历经了数百上千年的泥砖因此受到磨损。现在想来，其实我担心的是，那些附着在泥砖上千百年来的历史信息会因此遭到肃杀，就像一本没有经过现代影印的典籍被磨损一样，会给古街道造成无法修复的损失。

## 街巷宽窄的门道

古村镇的古街道还有一个地方值得关注，就是街道的宽窄。古代街道上最多的就是走马车，除非是在都城或府衙前面，否则街道的宽度只有3~6米。这个尺度，恰好可以让行走在街道上的顾客能轻易地光顾街道两旁商店的生意，能聚集人气。如成都的宽窄巷子，宽巷子宽约7米，窄巷子宽约5米。

不过，当街道窄到只剩下两三米时，人走在其间就会产生一种压迫感。好在许多古村镇巷道两旁的房屋就一层多高，有的还能让巷道上的行人看到两边房屋的屋顶，减少了井底之蛙的渺小局促感。但是，当两三米宽巷道两旁的房屋达到两层楼甚至更高时，如果再加上巷道蜿蜒曲折看不到出入口，那外人走在里面难免就会产生不安全感和焦虑感。

但这种宽度的街道恰恰在古村寨里最为常见！因为古村寨的居民户数和人数都不多，平时外来的人员比较少，为了保障居民的人身和财产安全，不得不在规划街巷时采用不利于外人感受而有利于本村寨人逃逸或反击的设计方案，所以街巷大多宁曲不直、宁窄不宽，宁采用"丁"字路而不用"十"字路。比如贵州铜仁市松桃县苗王城，里面石板路的宽度就只有两三米，蜿蜒曲折且高低错落，两侧房屋围墙中间还不时分布有枪眼状的孔洞。可见，其街巷本身就是一道易守难攻的军事工事。

湖南怀化规模比较大的黔阳古城，里面的街道均采用了丁字街而无十字街。其附近的洪江古商城，街巷密集交错，石阶遍布，狭窄弯曲，街巷长一般在200～300米，宽却仅2～4米，关键是街巷两侧还分布着高数层不等、开窗高、少且窄的各类钱庄、银行、油号、会馆等建筑，让盗贼很难偷盗，即使偷盗，也很难快速撤出。

近年来，当我回到故乡广东饶平黄冈镇时，小时候凭借月光照耀都敢走的小巷道，由于二十多年没走变得陌生了，再走进去时忘记了前面道路的走向和大致长度，此时竟陡然产生了一种怕走不出去的焦虑感。好在现在有手机导航软件，当我们穿梭在比较长的古巷道里时，至少可以知道前方大概还有多远、走路还要多久、旁边有没横向出口可以迅速撤出。

大家可能还会发现，在狭窄的巷道或商场通道中，里面售卖的商品一般是比较低端的；而越是售卖高端商品的地方，其公共空间就会越大，通道也会越宽（但不能有车辆通行，也不能有施工噪声），因为如此才能让人很安全闲适地去挑选商品。

## 品味原生态的尧坝老街

四川省泸州市合江县的尧坝古镇，自古就是连接四川和贵州的走廊。尧坝镇与当代的许多城镇一样，镇里街道两旁基本都是三四层楼的临街商铺，底商上住。唯一能看得出古镇之"古韵"的，就是一条以一座建于清嘉庆年间的武进士古牌坊为首的老街。

我到达当地的时间是夏季下午两点多，路边温度达36℃以上，老街入口两旁的商铺几乎是半歇业状态，有的干脆关上了店门。老街上游客不多，基本都说着附近西南地区的方言，当地人也不多，不过这也让我可以漫步细品起这条老街来。

先看老街两边商铺的外观。这里商铺的招牌虽然有统一的设计感，但许多商铺的门板是干裂的，商铺的土墙上边不少已经掉皮甚至露出墙内的竹子，起结构支撑作用的外立面的木梁柱也有许多被土隔墙压得变形了。这都是老街在向我们展示其自然沧桑的一面，显然这些形态和痕迹，是人工难以模仿和打造的。尧坝人不对老街店面进行外观的修葺，或者像许多古镇一样对其进行人工做旧，也许他们明白，这些时光留下的痕迹与形态才是最自然的，也是最能体现"古镇"和"老街"气韵的珍贵元素；一旦修缮一新，如同镇上的其他街道一般，那老街立马变成新街，古镇则失去了古韵。

再看石地板。老街的地板很干净，用表面被磨得比较光滑的泛红色大面积长方形石板铺就，显得很有年代感，走上去也相当舒适稳当。一位店家告诉我，老街中间的石板下原有一条地道，因为这里古代是川黔重要的商贸驿道，可能为了财物安全，商人们修建了一条地道，以防盗匪。中华人民共和国成立后治安好了，用不上了，于是就把地道填上了。

老街最吸引我的，当数商户们撑出门面用以遮挡阳光又挡道的草竹席。我没有埋怨这些大面积的草竹席挡住了我观察街道的视线，或是挡住了我拍摄照片时的完整性，相反，却是这些席子在阳光底下营造出了大片的阴影，伴随着不时吹过的清风，缓解了这夏日里的些许暑气。

再看老街上店铺的经营。这里几乎没有专门为了吸引外来游客而去售卖各种新、奇、特的产品和服务，商户大多只售卖当地的特产，有竹艺、油纸伞等手工艺品，有卖草药的，也有卖各种当地小吃的（如白米糕、黄粑、砂锅米线、豆花、竹筒饭、红苕粉条、腊肉等，但很少有重复的），还有几家可以打牌、打麻将的茶馆。此外，老街上还不时飘来具有当地特色的浓重味道，应该是几股味道混合而成的：一是酱油等用

四川泸州尧坝古镇老街

贵州贵阳青岩古镇老街

以腌制咸菜、竹笋等的混重味，二是花椒、辣椒等各种椒类的辛辣刺激味，三是熏肉和香肠的烟熏味。我没有过去仔细查看分辨，但是可以肯定，这些气味就是当地人制作食材时常用的原料或配料，其销售对象也都是当地人，或是邻近地区来的客户。至于像我这样从更远地区来的游客，虽然未必完全喜欢当地这些食物的口味，但这种差异性却让我们能够更好地领略当地的风味，体味到这条古镇老街的独特性。如此，反而令我此行显得更有价值了。

许多老街的常见元素，在尧坝老街也能找得到。比如街旁有一棵千年古榕树，有一座规模宏大的明朝古庙，有名人老宅，还有在此拍过电影的茶馆和客栈，等等。我还注意到一间挑高两层的老人活动中心，当时正好有两个人在屋中下象棋。阳光透过屋顶中间的玻璃瓦射向屋中，让高挑且长进深的屋内显得敞亮。老人活动中心的存在，更让尧坝老街显得生活化和本土化，而非刻意面向游客而打造。

这条老街的生态肌理是如此自然、生动且和谐，我不由得佩服起尧坝老街的管理者，他们有种无为而治的潜在高明。看似有点放任老街"老化"，但仔细一想，如果不是当地管理者着力规划和保护，那老街两旁的商铺和建筑也一定会出现新旧参差不齐的混搭局面或脏乱差的现象。

走在老街上，我有种当地人闲适逛街的感觉，好似穿越了时光游历在百年前的老街上，又似乎自己就是一名演员，正在拍摄民国影视片，更有一种像小时候走在故乡某条老街巷道上那般的亲切感！

我似乎忘记自己是来到了一个景区，忘了我生活在当代，忘了自己是个游客，也忘了这里是在他乡。这一切都那么随和，那么似曾相识，那么让人容易融入其中，让我不由自主地放慢了脚步，去接触和品味老街上的景物和人事。

实物及其生态表明，这就是一条真实的老街，一条老态而有活力的老街,一条人为可以保护但却无法打造的老街。它像一位老者,一位和蔼可亲的老者,为路过的人讲述老街上的风雨阴晴与历史变迁。它也的确就是一位老者,如果让它自由地存在,它就能不断延续它的生命,而且日益沉淀出厚重的底蕴;而如果刻意去改造它,或许可能给它以新生,但那份自然和独特也必将随之失去。如果要用一句话来表达我对这条原生态老街的回味,那么,这句话应该就是:只因一次穿行,就未曾忘却它的容颜!

## 23　水果

### 水土和季节的风味

我们常说，一方水土养一方人，从某个层面对这句话进行解读，可以说是一方水土和一地气候中生长的某些动植物，给当地人提供了可靠的食物。

每个古村镇由于地理位置不同、气候和水土不同，当地特有的植物和动物经过当地人长期的选择、种植和繁衍而传承至今。近年来，出于市场经济的调节作用，很多古村镇的农牧业特色就更加鲜明了，规模越小的古村镇，其农牧业的品种就越少——毕竟人力和土地等资源都有限。

当我去一个村镇游览闲逛的时候，地摊上重复售卖的水果很容易引起我的注意。要品读古村镇，可以品尝当地出产的特色水果，用味觉留住这份记忆。因为这样的水果大多是当地当季出产的，不论酸甜苦涩，不管软硬美丑，皮壳底下的果肉或果核一定带着当地水土和气候凝结而成的独特风味。

在四川汶川，我注意到一座建筑风格十分硬朗美丽的羌族村庄。这个叫"羌人谷"的村庄坐落在一条咆哮的河流之前，通过一座吊桥连通公路。走过吊桥，只见两位二三十岁的羌族男青年正在售卖青脆李、西梅和红李。我注意到，该村寨后面都是土壤贫瘠、植被稀少的高山，只有村寨周围有些果树（可能是邻近河谷而水分充足的原因）。其中一位身上有文身的羌族青年告诉我，他们这里五月份还出产樱桃，而此时八月正是甜脆李成熟的时候。我猜测，他们村庄的主要农业经济收入可能就是靠种植果树了！遇到男青年卖水果的情况不多，何况还是两位羌族青年，我自然要支持下他们，于是各买了些水果带回来吃。果然，他们的李子中空而甜蜜，软脆度适中，没有酸涩感，实乃上品！后来才知道，汶川的李子在四川都是出名的好。除此之外，我想羌人谷的脆李大概还带有本地特有的地质和气候环境的独特风味吧！

  川藏通道上的重镇康定古城，在奔涌的康定河岸边有不少妇女在摆摊售卖一种名为"仙人果"的绿色水果，个头差不多像个儿小的梨，每个卖一元多。我好奇地尝了两个，皮下薄薄的肉清甜润喉，而中间有许多硬硬的籽，嚼不烂。后来，当车开到康定河汇入大渡河处的公路边上，来到著名的铁索泸定桥附近时，只见山上种满了仙人掌。一查我才知道，这些仙人掌是当地引种用来固定山土的耐干旱植物，而那些绿色的"仙人果"，其实就是仙人掌的果实。如今，一想起这特别的仙人掌果，我便回忆起康定古城，还有那天夜晚古城中藏族锅庄舞的曼妙舞姿，耳畔回响起那首溜溜的《康定情歌》，眼前仿佛还可以望到康定城周边的高山淡云。

  八月中旬，我来到了四川尧坝古镇的老街上，看到有人在地上摆摊售卖当地的荔枝！要知道，广东的荔枝一般七月初就基本退市了，可能是纬度比较高的缘故，这里的荔枝成熟得比较晚。"一骑红尘妃子笑，无人知是荔枝来"，从距离来看，诗歌中所说的荔枝，很可能是从现在的四川或重庆地区快马加鞭送到长安的，而非来自岭南的广西、广东地区！

贵州黎平古街翘街

## 支持一下农民

　　古村镇出产的水果值得购买，我觉得有三个理由：一是实惠，二是能吃到原产地的风味，三是要支持一下农民。一种水果在当地某个时令节气快速成熟，当地人一时难以全部消化或销往外地，水果保鲜时间又有限，因此售价往往比大城市里要便宜不少。加上卖水果的往往都是当地的村民，自产自销，一旦前后几天卖不出，水果可能就烂掉了，也会影响村民的经济收入。

　　在福建龙岩通往平和县的客家山区上，漫山种植着各种柚子。那天傍晚五点多钟，山上弥漫着浓雾。我驾车来到此地，见路边有位老妇人在地上摆放着十多个大柚子，每个柚子如小足球般大小，于是靠边停车询问价格。她用手比画着说，三个10块钱。我心想，无论如何也要帮她买走三个，好让她早点下山回家，天快黑了。大概是在我的带动下，又陆续停下两辆车，一下就把她的柚子买完了。虽然那柚子吃起来比较酸，但觉得多少帮到了老妇人，价格也便宜，内心很是欣慰。

　　在甘肃省榆中县最北端的黄河南岸，有一座因北宋将军狄青巡边而命名的青城古镇。古镇周围是干旱贫瘠的黄土高坡，唯有黄河水带来的滋润成就了黄土绿洲，以及在古代内河航运发达时期造就了古镇发达的商贸和林立的大宅。夏日里，高温干燥的黄土高坡将青城古镇包围起来，虽然有风，但却是在给古镇加热。傍晚六点多临离开时，只见一位妇人在城门楼旁的空地上售卖当地常见的小青梨，从酷热的下午一直坚持到这傍晚时分。最后她将剩余的青梨分成三袋甩卖，每袋5块钱，梨子虽然很小，但目测每袋至少有15个，旁边有人在和她讨价还价，我则二话不说买走一袋，匆匆上车离开了。曾经做过水果生意的司机告诉我，这种小青梨是越放越甜的。后来削开吃时，这些小青梨的甜润竟超乎寻常！这种甜润应该与当地的气候有关,又与干旱高温且寸草不长的黄土高坡形成了鲜明的反差。我这才回忆起来,青城古镇周边那满满当当的绿色,其实种的都是果树!是黄河之水浸润了这方土地,加上气候和土质的因素,于是成就了小青梨的上佳口味。我在感叹黄河作为母亲河的伟大的同时,也对黄土高坡上古镇人民的生产与发展充满了信心和期待。

## 见果的喜悦

当我看到特别的水果品种,或者是看到直接生长在树上的水果时,喜悦感便油然而生,而且有一种要去买来品尝的冲动。我想,这种喜悦和冲动应该是人类进化至今在基因里依然存在的一种本能,是一种采摘果实果腹的原始生存基因在起作用。

在川西丹巴县,远看时觉得那些山的植被不太茂密,土质疏松,容易滑坡,不太容易保留水分;但这里的嘉绒藏族大多能在高山上找到平坦的地形来建设村寨,并依靠高山上流下来的泉水生产生活。在高山上的甲居藏寨里,我注意到,凡是比较大的树木,几乎都是挂满果实的苹果树和梨树,路边还有人在叫卖核桃。听客栈老板说,藏寨里几乎所有的粮食和水果都是本村种植的,比如我在客栈里吃的番茄和茄子,甚至连西瓜也种得出来,更别说玉米等粮食了!我不由得心生感慨,他们的祖先要经过多少代人的尝试、淘汰和保留,才能获得现在寨里种植的这么多品种的水果和蔬菜的经验啊,何况寨里还到处饲养着牛、鸡、猪等禽畜!古寨里的生存物资品种丰富,让人不由得为之感到安然和欣喜。

# 24　小吃

## 小吃的四个特点和两大类别

小吃是具有特定地方风格特色的食品，几乎所有的古村镇都有其居民经常食用的小吃。相比宴会大餐，小吃一般有这样四个共同特点：一是价格实惠，二是会制作这类小吃的当地人很多，三是当地售卖的地方不少，四是通常采用比较常见、实惠的食材。

按照小吃的食用时间，总体又可分为两大类别：一类是当地人作为早餐或午餐食用的快餐食物，算主食类小吃；一类则是正餐以外的休闲食品。

## 米粉与面粉做成的主食

据我观察，主食类小吃，在南方一带以米食为主，在黄河流域则以面食为主，这类小吃通常是当地人民常吃的早餐或午餐的快餐类主食。

长江以南各地几乎都有用米粉做成的线形食物。米粉跟其他粉混合形成某一种线形主食，再配以其他肉食或青菜豆类，就成为各地的名小吃。比如，广东潮汕地区有粿条、广州有河粉、广西桂林有米粉、柳州有螺蛳粉、云南有过桥米线、巍山饵丝（切条的米块）等，这些都是因为南方一带主要出产大米的缘故。在广东，客家地区的很多小吃都叫"粄"，而潮汕地区有很多小吃都叫"粿"，它们都有个米字旁，就是说很多小吃的原材料都含有米。这些主食包上肉和菜，便可以成为营养丰富的食物。比如梅州大埔百侯古镇的笋粄，就是用米浆做皮，包上香菇、瘦肉、豆腐、虾米等馅料制作而成的，不仅营养丰富，而且口感上佳。

在黄河流域，各地也有用面粉做成的线形食物。面粉、荞麦粉等跟其他粉混合形成线形的主食，再配以肉食或青菜豆类，经过特别的加工程序，就成为各地的名小吃，如青海拉面、兰州牛肉面、陕西臊子面、山西油泼面、河南烩面等。而面制品就更多了，西部各地的馕、肉夹馍、水饺，都是我喜欢吃的。云南喜洲古镇的"破酥粑粑"是麦面烤饼，青海丹噶尔古城一边浇油、一边烙饼的"狗浇尿"则是一种麦面煎饼。

## 休闲的食物

再说说休闲类的食物。这类食物一般不作为正餐食用，算是点心。南方很多小吃都是甜食（可能人吃了甜食心情会比较好，且甜食比较耐饿），如果是米制品，南方就有糯米饭、糯米糍、米糕、汤圆等团状的米制品。

有意思的是，南方不少名字中带"米"字旁的休闲小吃，却未必是米制品！比如梅州桥溪村的仙人粄和潮州的草粿，其实都是用当地一种叫"仙草"的植物熬制而成的清凉解暑小吃，外观跟广州地区的龟苓膏相似。又比如福建平潭岛上售卖的"海燕窝",在福建其他地区也称作"草燕窝",在我老家饶平县海边则称为"海石花"——它们都是一种用海草熬制而成的透明如燕窝状的清凉解暑食物。再比如四川、贵州很多古村镇及湖南永州勾蓝瑶寨里售卖的冰粉,透明,块状,洒上糖或蜂蜜,放进冷柜里,吃起来感觉比吃冰激淋、雪糕等冷饮还要惬意凉爽。

## 小吃与文化辐射力

民以食为天。我们游览古村镇,品尝当地小吃,在填饱肚子的同时,还能深入体会当地人民的生活。这些就地取材的小吃,多少都在突出反映着当地的人文和物质风貌。所以,我行走在古村镇时,对待小吃的态度就是一看、二吃,如果好吃,就再来一份。比如豆腐花,全国各地基本都有,但广东连南千年瑶寨的豆腐花细腻且醇香,我一次要吃上两三碗才觉过瘾。

我一直有个认识,就是判断一个地方有没有历史底蕴、是否具有文化辐射力,首先就要看这个地方的小吃和菜品是否足够多样且美味。如北京、南京、西安、开封等地,都是我国小吃品种众多的古都。当地不少小吃相传就是古代宫廷的大厨流落民间,尔后在当地传下来的。在广东,佛山和潮州两座城市的美食都自成菜系,这从另一个角度印证了这两座城市本身就是区域的文化中心和历史古城的推断。

## 怀念和向往

　　品尝小吃会调动我们的视觉、味觉、触觉和嗅觉等四种感觉。那些因为好吃、好看,甚至带有一定康健功能的小吃,便会给我们留下深刻的印象。所以,对一个古村镇的印象,除了风景和历史文化背景以外,往往让人印象深刻的就是当地的小吃或美食了。它会让我们在离开当地后的相当长一段时间里,对当地形成一种怀念和向往,继而产生为了这些美食小吃,将来想再次来到当地的计划和冲动。因为很多小吃只有当地人现做的才有那种独特的风味,就算现在可以邮购,味道恐怕也没有那么地道,于是,又促成了我们再一次的出行。

　　许多人跟我一样,初到天水麦积山石窟时,留下深刻印象的不是蜿蜒难登的石窟栈道,而是这里小贩售卖的"呱呱""唠唠"和"嗦嗦"等小吃!看到这么可爱且上口的名字,总要尝试一下吧。没吃过也不知道哪种好吃,于是我干脆来一碗,将三种拼在一起,带上车吃。后来查到,"嗦嗦"主要是用土豆粉制作而成的,"呱呱"和"唠唠"主要是用荞麦淀粉制作而成的。遗憾的是,后来再也没有遇到能同时吃到三样小吃的地方了。

## 亲情与美味的双重作用

　　小吃也是游子对故乡的一份厚重乡愁,是来自故乡的一种召唤,也浸透着小时候受亲人抚养的诸多美好记忆。我们时常会发觉,当我们再回故乡,再吃某种心心念念的小吃时,总觉得味道没有小时候的正宗。其中的缘故,一来可能是小吃制作时的差别,二来可能是当年带我们吃小吃的那

湖南永州勾蓝瑶寨

位亲人已经老了或已经不在了，我们再也无法感受到拥有亲人的关怀和小吃的美味那种特别的双重感受了。

而如果那位亲人还在，你又能领悟到这份恩情，那么，请不要犹豫，请马上行动，给这位亲人在时间、资金、体力、精神等方面尽可能地做出回报。当然，如果你还能带上这位亲人一起去老地方吃小吃，说不定你还能再次品尝到小时候那丝丝的美味和美好！

## 25　禽畜

### 禽畜的种类与喜悦感

我国古人将马、牛、羊和鸡、狗、猪称为六畜；马、牛、羊与游牧生活方式有关，而鸡、狗、猪则与定居式的农业生产方式相关。家禽是指人工豢养的鸟类动物，如鸡、鸭、鹅、鹌鹑等，主要为了获取其肉、卵和羽毛。

在人类漫长的进化过程中，那些被人类驯化或选择，为人类的生存和繁衍作出牺牲和奉献的禽畜，一般都对人类比较亲善，不会主动攻击人类。而我们人类身上也可能存有某种与驯化这些禽畜的经验相关的基因，所以当我们看到这些动物时，多少会有一种可控感或安全感。甚至因为这些禽畜能为人类提供食物，或者帮助人类进行生产生活，所以我们对这些禽畜可能还存有感恩之情及某种喜悦感。

现在的城镇人除了养猫和狗，已经很少饲养禽畜了。久居城镇里的我们一到农村，看到悠然行走觅食的鸡、鸭、鹅等家禽，或牛、马、羊、猪、猫、狗、兔等家畜，或池塘、水稻田里养的鱼，便会多看两眼，这不得不说可能是人类的基因让我们对其一直保持着浓厚的兴趣和关注，并时常会因为这些禽畜能在它们喜爱的近乎天然的环境中自由地活动而感到欣慰。有时这种欣慰感会由内而外地化为一股气息，从胸怀正中扩散开来，形成一种喜悦甚至幸福的感觉。

村寨里，村民多少会根据实际情况饲养若干禽畜。这也是我们去游览古村寨时的一个重要看点，一个可能让我们感到开心愉悦的看点。

四川丹巴甲居藏寨，藏族民居依山势散落在高山上，民居之间种着果树和庄稼。我试图往深处穿行，去探访藏民的日常生活。一路上，我能看到的，是出现在树林里的两头山羊，是民居外附加修建的猪羊圈，还有横在进村小路中间的几头牛，当我靠近民居时，两条狗跑出来朝我吠叫，树林里时不时飞过各种鸟。这样一幅乡村生产生活画卷，加上色彩丰富鲜艳的藏族民居就安置在郁郁葱葱的高山林地中，既让我一饱眼福，也让我对寨民美好恬适的生活感到欣然。

## 景观与生产方式

对从城市里来的人们来说，村寨里的禽畜是稀缺有趣的，它们通常与村寨的自然景色和人文建筑一起构成了当地特有的景观。

在贵州肇兴侗寨，我拍摄了几张木廊桥和河边木屋的照片发在朋友圈，并配发了一段话，大致意思是：此处既有小桥流水，又比江南多了几分民族风情。远在美国的小学老同学在朋友圈中为其中的一幅照片点赞，那照片拍到的是几只硕壮的长着棕色靓丽羽毛的母鸡的特写，其体型堪比普通公鸡！显然，这几只大母鸡已然成为当地的一道人文风景。赞赏风景的背后，是我们对当地人的生活环境和生产方式的某种回归与向往。

当我路过四川阿坝州牟泥沟景区旁的格恩藏寨，看到藏寨里房子崭新靓丽，村容村貌也很整洁，便想进去参观。谁知，一头体长至少有1.5米的黑猪竟直接站在村口的桥头旁，直盯着我！我一时难以判断它是好奇、警惕还是怀着一丝敌意——此时，我和它可能同时在猜测对方是否会发起攻击。我对着它面露笑容（也不管它能否体会我的善意），然后紧挨桥栏快速地躲闪通过。后来，在附近的公路上，我还看到十几头黑猪在公路旁的草地里觅食。这里的司机一般都会放慢车速开过去，礼让这些动物通行。不得不说，这头大黑猪成为我对格恩藏寨的重要记忆点：大黑猪的背后，一面连着当地居民的生产和经济收入，一面连着人与家畜和谐共生的美丽乡村景象。

贵州的堂安侗寨、广西柳州融水的田头苗寨和田塘瑶寨，那里的水稻田里都养有鲤鱼和草鱼，甚至还养着鸭子。村寨人民饲养的禽、畜、鱼既是他们的生活食材，又可能是他们的经济收入来源。对于游客来说，禽、畜、鱼既可以是一道风景，也可以是一道美食，就看当地村民是否提供这样的饮食服务了。

贵州岜沙苗寨上路旁的母鸡带着一群小鸡

贵州黎平肇兴侗寨的风雨桥和鸭子

# 26　月光

**夕阳下的烟火**

　　就赏景而言，如果说观赏日出最好的地方是在高山或楼阁，那么观赏月光最好的地方则在古村镇。

　　不少村寨因为路况和接待条件等的限制，加上夜晚的景象是游客无法把控的，因此我们往往都会在日落前后时分离开村寨。但在离开之前，不免回望一眼天边逐渐下沉的那一抹夕阳，心头不禁再次回味下在此地的见闻和所感。

　　比起"大漠孤烟直，长河落日圆"这样寂寥壮阔的景象，我更喜欢古村寨里的黄昏日落时分，此时炊烟袅袅升起，百家灯火逐渐亮起，一派人间烟火景象。在这个时候，村寨的商业气息迅速退去，外出劳作的人们和上学的孩童陆续回家，鸟禽归巢，村寨回归到了它最真实的生活状态。

　　曾经有好几次，当我面对夕阳下的古村寨，站在旷野之中，犹觉意兴未尽，于是不禁对着残阳，高歌一首台湾歌手组合"办桌二人组"的《夕阳下》，歌声回荡在旷野，声波与夕阳、时光和古村寨来了个热烈拥抱，我陶醉在这方天地之中！无须饮酒，我以歌声致敬这方水土：

烈日灼伤了我脸颊，
北风吹乱了你头发，
远方那道彩霞，
将我们留在夕阳下。
一曲高歌战狂沙，
荒原哪来的好琵琶，
人在海角天涯，
我想要和你有个家。
我站在夕阳下，
仰天看晚霞，
像个傻瓜弹断弦的吉他。
山雪未融化，
想你远在天涯，
何时才能相聚啊。
我站在夕阳下，
寂寞无限大，
对天长啸在荒漠中回荡。
酒醉人惆怅，
思念漫出枝桠，
何时盼得爱人啊！
……

此时，仿佛古村寨所历经的岁月也与夕阳一同下沉消逝，逐渐离我们远去，让人不免心存唏嘘。那就赶紧来梳理、去保护吧，不论是物质的还是非物质的，让岁月的身影尽量存留在村寨中的古道老宅上！也请让我们给村寨默默道一声祝福，祝福这里的人民生活越来越红火，晚上的灯光越来越明亮！

傍晚炊烟升起的澜沧老达保拉祜族古村

贵州铜仁寨沙侗寨的月光

## 诗词与美景的标配

提起月光,中国历史上写月光次数最多且最有名的诗人当数李白。他经常在月光下饮酒作诗,在宁静中借助酒精的活性激发豪情,然后一气呵成。他的不少诗往往就从写月亮开始,其中的《把酒问月》便是:

> 青天有月来几时,我今停杯一问之:
> 人攀明月不可得,月行却与人相随?
> ……
> 今人不见古时月,今月曾照古时人。
> 古人今人若流水,共看明月皆如此。
> 唯愿当歌对酒时,月光长照金樽里。

李白这首诗充满了对月亮与人生的辩证思考,他感慨:人相对于月亮而言,无论从空间还是从时间上看,都显得很渺小。酣畅淋漓之下,难掩其心中的无奈。

苏轼则以理性的浪漫情怀,在中秋月圆之夜大醉写就描写月亮的天花板力作《水调歌头》:

> 明月几时有?把酒问青天。不知天上宫阙,今夕是何年。我欲乘风归去,又恐琼楼玉宇,高处不胜寒。起舞弄清影,何似在人间。

苏轼开头先浪漫地想象自己来到月宫,也理性地觉得高处一定更寒冷,可能多少还隐晦地阐明当时自己与朝廷的主流政见不同,那还不如在当地做个知州。接着，他观察并描写月光照到房屋的位置变化——

　　转朱阁，低绮户，照无眠。

　　——在政界的不得志，以及不能与弟弟团聚的遗憾，让他睡不着觉。然后他还是理性地以月亮的圆缺，来喻示应合理地看待人间的悲与欢、离与合、得意与失意，安慰自己不应该怀有怨恨之心，应该淡然接受现实——

　　不应有恨，何事长向别时圆？人有悲欢离合，月有阴晴圆缺，此事古难全。

　　古人能经常关注月亮，大概与古人在夜晚的照明设施和娱乐项目缺乏有关。如今，在中心城市里，每当夜晚降临，室内的万家灯火，室外的路灯和车灯，眼前的手机和电脑，以及高楼大厦的直接遮挡，都让人遗忘了月亮的存在和月光的珍贵。人们在地平线上营造繁华的同时，相对于茫茫宇宙而言却更像是给自己砌筑了一道道壁垒，让自己逐渐成为井底之蛙——在城市里仰头所能看到的天空的面积越来越小。

　　但在古村镇里则不同，两三层楼高的房屋基本挡不住人们观星望月的视线，也挡不住月光大爱无私地洒在古宅老街之上，倒映在水缸池塘之中。月亮很愿意与古村镇融为一体，它一会儿挂在树梢，一会儿悬在屋檐翘角上，一会儿又浮在水波之表。似乎只要你想见，夜晚时它都会来到古村镇之上，与人们近距离地打个照面，甚至它还经常联合众多星星，跟村镇人民一起开个星空联欢会。我们可以拿起手机，给月亮与古村镇的景物一起拍个合影；或者让自己与月亮也来张久违的合照，让它们成为游行古村镇的标配。

夜深人静,凉风飒爽,当人们忙碌完一天的柴米油盐,终于来到能脱离世俗纷扰的时光中,在院子里,在天井中,在栏杆前,在天台上,在窗户旁,在眠床前,将自己置身于天地之间,举目观月,感受月球对地球的依恋与恩赐,欣赏融融的月光之美——那是一种皎洁之美,一种圆缺变化的形状之美,一种高洁似水的温柔之美,一种无须声张去引人注目却自能引人致意的谦和之美。

## 三种介质

在我看来,夜晚的月光是太阳之光与地球之间的介质,它让人们对明天能见到阳光充满了希望。

它也是普天之下人类的介质,是一种空间介质,分处不同地区的两个人能够望见同一轮明月——月光照在家乡,也照在边关。于是,张九龄在《望月怀远》中望月抒怀,写就了"海上生明月,天涯共此时"的千古名句。

月亮还是一种时间介质,是古时与今时的介质,是古人与今人的介质。李白对此就有深刻的认识:"今人不见古时月,今月曾照古时人。"

乐观的苏轼在《水调歌头》一词的结尾,希望自己思念的人能够平安长久,不管相隔千山万水,都可以一起欣赏一轮美月——"但愿人长久,千里共婵娟"。其中,"但愿人长久"希望突破时间的局限,"千里共婵娟"则想要突破空间的阻隔。一句词便同时体现了月亮既是一种时间介质,又是一种空间介质的特性,自然成为千古佳句!

在这饱含历史底蕴、长年接受日月光辉普照的古村镇中,月光既是美妙的景物，又是我们阅读古村镇不可或缺的介质。我心中一动，略改李白的诗为："今人得见古村镇，今月曾照古时人。"

我们已无须再像李白那样去惆怅"人攀明月不可得，今人不见古时月"，我们只需要在月色下放松身心，放空自我，以平和的心态去拥抱月光，领受月光之情，去品味古村镇的历史之韵与尺度之美，在月光的引领下感叹岁月静好，不负月光、不负人生。

## 27　水

### 水边的古村镇

一个地方能成为古村镇，至少要有百年以上的历史；而一个地方能让人群居生活上百年，那它一定要有比较充沛的可供人饮用的水源。

在古代的运输交通体系里，江河起到非常重要的作用。许多古村镇就是依靠江河边的码头逐步发展起来的，例如四川的元通、街子、柳江、李庄、黄龙溪、新场、平乐、周子等古镇，还有广西贺州姚江边的黄姚古镇、安徽新安江边的徽州古城、湖南沱江边的凤凰古城、贵州清水江边的下司古镇。

在赤水河两岸，红军四渡赤水的地方分布着几个古镇，有贵州沿赤水河一字排开、长达2.5公里、规模较大的土城古镇，有建在石头上小巧且特产众多的丙安古镇，有古代川盐入黔最重要的码头的茅台古镇，也有完整保存有大量红军第二、第四次横渡赤水时住过的干栏式房屋和吊脚楼的四川太平古镇（甚至当年红军渡河时临时拆了做桥面的门板都还编号还原保留着）。

在沿海和沿湖地区，也会因为码头或战略要地而形成古村镇。比如云南大理洱海边的喜洲古镇和双廊古镇就在洱海这个大湖边上。再比如福建惠安崇武古城、深圳大鹏古城等东南沿海古城，古代时都有海防备战、出海港口等的功能。

在有了公路、铁路、民航、高铁等运输方式之后，许多古镇作为商品货物集散地的地位就减弱了，很多已经不再是区域的中心城镇了。虽然它们在现代化的开发建设中落后了，但却保留了很多古建筑及遗址，留住了绿水青山，也让人记住了乡愁！

## 古村镇与水的相对位置

阅读古村镇，很重要的一点就是观察水和村镇的相对位置。

许多古村镇里的水流是直接从村镇中穿过的，典型的就是雨水丰沛、水网交错的江南水乡。而云南丽江古城、大理古城、束河古镇等，则常年有冰雪融化成水汇成小溪穿过古镇。云南沙溪古镇寺登古街旁，小水沟里的溪水哗哗奔流出东门，水量大，水流急，清澈见底。我大胆推断，寺登街古集市能延续至今，与这条清溪源源不断地维系着古镇的生机有关。

也有许多古村镇是分布在江河溪流两岸的，以方便人民取水使用，比如广东梅州的桥溪村、贵州西江的千户苗寨等。

更多的古村镇则建在河流绕湾的内怀抱里，显得水对城"曲折有情"。四川阆中就是一座被嘉陵江环绕了三分之二区域的古城；贵州镇远古镇则被舞阳河以"S"形蜿蜒穿城而过。舞阳河水先往东再往南奔流来到湖南怀化，与同样发源于贵州的清水江交汇，在两江交汇处三面环水的大湾内，形成了湘楚苗地边陲重镇——素有"滇黔门户"之称的黔阳古城。舞阳河与清水江在黔阳古城合流后，往下的流段被称为沅江。在前方不远处，沅江与巫水交汇，又形成了素有"小南京"之称的五省地区物资集散地洪江古商城。

还有一些古村的水源比较特别，是取地下水（即井水）来使用的。比如福建永定和南靖的客家土楼，可能出于防卫功能考虑，许多土楼建在了山坡上，远离沟谷和河流。但人们在建楼前首先会打井，井里有水，才会建楼，而且一般土楼里都至少打有两口井。建于元末明初（约1368）现已知最古老且最大的圆土楼南靖县裕昌楼，甚至在一楼每家每户的厨房里都各打一口井来使用。在著名的"四菜一汤"南靖田螺坑的五个土楼群里，有的土楼里的水井还常年养鱼，目的是防止井水变质或被人投毒。

## 水流的缓急与响度

如果河流常年水量大、水流急、声音响，让人不敢亲近，甚至不敢靠近，那么那样的河流边就不太能留得住人气。一来河水咆哮，人无法亲近水边，没有安全感；二来噪声大，居住的舒适性不高；三是不利于航运。这种情况一般发生在主河道中，所以，人们只好沿着主河道的支流来寻找安营扎寨建镇的地方。比如在四川的大渡河两岸和岷江部分江段，由于高山冰雪融化形成河水，水流湍急，声音较响，所以当地羌族和藏族人民就选择在高山上建起美丽的藏寨和羌寨（取山上的溪水用）。

如果河流流速慢，河水较浅，适宜人们去触摸、下河去玩耍，甚至河水可以饮用，那么就能够聚集人气。四川柳江古镇的河水就比较浅，古镇分段管理，让游客可以下到河中去玩耍、游泳、抓鱼，夏季人气很旺。再比如四川的黄龙溪古镇，干脆就由政府主导，把江水抽上来过滤后，再经过长长的水道放流入河，人工水道里一路上设置有让人玩水的设施，能很好地控制水量和流速，保证了古镇人气的旺盛。又比如四川的新场古镇，大江旁边形成了人来人往的码头街市，而支流小河边则沿河建成了许多绿柳垂荫的茶座、麻将馆、亭台桥等，人们可以很安逸地在小河边泡茶、打麻将、聊天、发呆。

## 亲水状元秀水村

广西贺州富川县有个出过一个状元和二十六个进士的秀水村。在状元楼前，一条小溪潺潺流过。小溪中只需摆放五六块不到膝盖高的平整石头，便可跨步往来两岸。村民在岸边围出一部分空间作为洗菜、洗衣服的地方，又在岸边另外的地方围出一个养鸭的空间。岸边的绿树几乎遮住了半个水面，在夏日午后，十几只鸭子站在溪流浅水中，将头伸进翅膀里恬静小憩。我不想打扰它们休息，而汩汩溪水也恰好掩盖了我轻轻的脚步声，只有拂过水面的微风拂起了鸭子身上的些许羽毛，鸭子似乎睡得更香了。

这哪是什么传统村落，分明就是一个水上乐园嘛！只要你愿意，不论老少，都可以在这方天地里尽情安全地亲水玩乐，假如不慎跌落，那就干脆坐在溪水中吧，兴许还能抓起几尾小鱼呢！

这条小溪于前方不远处便汇入一条小河，河水同样只没到膝盖，河床中几乎全是鹅卵石。沿河岸两边则分布着被河水冲刷得十分光滑的灰白色石头，像是人工建造的台阶，几个层叠便伸入小河中间。我坐在河边石阶上，不消两分钟，便忘却了我是这里的过客——我已经融进这幅岭南山水搭配江南徽式建筑的明丽画卷中了。可以想见，当年村里的南宋状元和历代进士，大概也是像我这样坐在绿树掩映的河岸边，手捧书籍静读深思，他们学习的效率和思考的深度应该超过了中国许多书院的学子吧。

广西贺州市富川县秀水村前小溪

四川泸州古蔺红军四渡赤水的所在地之一太平古镇

## 水的清澈度

水的清浊程度，影响着古村镇的可持续发展。我注意到，一些古村镇由于环境污染，或排污治理不到位，或长期没有下雨，致使流经村镇边的溪河水比较混浊，甚至河里长满了水生植物，如果再带点腐臭的气味，则给人的感觉就不太舒适了。

污浊的水可能会影响当地居民的身体健康，也会影响游客的美好体验，最终影响的是当地居民的生活和经济发展。好在我国到2018年6月底已全面建立了以保护水资源、防治水污染、改善水环境、修复水生态为主要任务的省市县乡"河长制"，甚至还设立了村级河长76万多名，打通了河长制的"最后一公里"。

# 28　风

## 利风的尺度

受到保护的古村镇与一般城镇的最大区别在于，古村镇的楼房普遍不高，通常也就两层左右。这样的尺度有个优点，就是非常有利于空气的流通。村镇外吹来的风，可以通过巷道或从屋顶由上而下比较均匀地达到每家每户。走在街巷中的行人可以不时感受到阵阵自然风的吹拂与环绕，十分惬意。

由于古村镇多远离大城市，人口密度低，空气清新，负离子含量高，因此，当这些街风巷气吹来的时候，人常感到心旷神怡，轻松舒畅。加上村镇里人少车稀，工作和生活节奏慢，步入古村镇，人们倍感轻松，到此的游子呼吸匀畅，脸上时常挂起一丝恬淡的微笑。这微笑，是身体舒适健康的反应，也是人对外部环境感到满意或恬适的表现。

## 镇远巷风

在贵州镇远古镇,令我印象最深刻的其实不是碧绿蜿蜒的舞阳河,也不是青龙洞贴壁临空的精巧古建筑群,而是那些连接着依山势而建的江南庭院式商贾大宅的巷道,或更进一步说,是夏日里穿巷而过的阵阵清风!这些绵延不断的清风,持续带来了周围山林的清新氧气,吹散了夏日的暑气,加上高墙窄道遮挡了烈日,使人甫一踏入,便有一种飘然的感觉。

在镇远古镇有关当地古民居建筑特色的宣传中,有种说法叫"歪门邪道",就是每座宅院的大门并不与巷道平行或垂直,也不与屋里的厅堂正对,而是与巷道保持约45°角。有人说这样设计是为了不漏财,但我推断,这应该不是受到所谓风水理论的指导,而是古镇居民早就发现,如此开门可以更好地迎接穿街过巷的清风,能让清新的空气源源不断地飘进屋里,让本身就高墙筑起的大院能有更好的通风效果,最终使得住在里面的人舒心健康。

## 加强了体验

人有视觉、听觉、嗅觉、味觉和触觉等五种基本的感觉。相信随着科技的发展,将来人们足不出户就能看到各地的风光,可以有360°环视的视角,还能即时听到当地诸如鸟鸣泉涌、鸡唱犬吠等的声响。不过,嗅觉、味觉和触觉等感觉目前仍无法预见仅通过数字技术就能达到身临其境的效果。所以,在我们没有到过某个地方之前,最多只能通过别人的语言介绍或文字描写去展开想象。因此,估计在未来相当长一段时间内,人类还是需要通过亲身旅行才能有比较全面的感知体验。

古村镇的风，会让人对当地的气候有更加强烈的体验，比如感到更冷或更热，更湿润或更干燥。这种体验可能会让我们感到舒适，也可能让我们突然感到不适应。不过，这本身就是我们品鉴古村镇的重要环节，对我们来说是一种考验，也可能是乐趣之所在，更可能是一个极为重要的记忆点——当我们回忆起这种气候体验时，便同时回想起了当时当地的种种景象和经历。

气候是决定当地人生产生活方式的重要因素。因此，通过对"风"所带来的气候的体验，我们有了一种启示——去关注并品读当地人在建筑、饮食、农作物和服装等方面的特点，甚至去了解当地历史上发生过的重要事件及其成因。

常说大理古城有"风花雪月"四绝，即下关风、上关花、苍山雪和洱海月。我就曾领略过大理呼啸的大风，持续时间还颇长。这风有时带来了苍山的寒气，有时带来了洱海的湿气，有时夹杂些花香和沙子，让人时而欢喜，时而厌烦。当我的嗅觉和触觉感知到了大理风的浓烈之后，便形成了一个独特的记忆点。这个亲身感触得来的独特记忆点一旦从脑海里调动出来，连带重现的，还有大理那同样浓烈的美景和风情。

在八月初，当我从成都平原驱车两个小时来到阿坝州的水磨古镇，沿着平房老街往上走的时候，穿着短袖T恤的我体验到的，一方面是强烈的紫外线迅速地提升了晒到了阳光的皮肤表皮的温度，另一方面则是一股清劲的凉风不时从高山上吹下来，明显降低了全身皮肤表面的温度。此时我才意识到，水磨古镇就处在成都平原向青藏高原过渡的上升地带中，古街上正售卖着的各种高原特产和腊肉，还有围巾和棉帽等物品，这些都与气候息息相关。

贵州镇远古镇及舞阳河

广东封开杨池古村

## 和缓之风带来祥和之气

古村镇的风,多少夹带着些古建筑、古街道、古树等散发出的岁月积淀的风味,多少也夹带着些村镇中居民生活的烟火味,那是一种和缓的、厚重的、祥和的风气,让人感到有序、可控、舒适。

我有个认识,就是一个城镇是否宜居,与这个城镇的高架路桥的密度成反比。高架路桥或高速路上车速快、噪声大,加上城镇的车辆会比较多,使得城镇当地的气场不稳定,于是居民更多地会感受到不稳定、不安定。

显然,古村镇里不会有高架路桥,不会有呼啸飞驰而过的汽车,不会经常听到机械轰鸣,不会经常开挖道路,更不会开挖地铁。不少城市家庭也注意到,习惯在古村镇里生活的老人,大多不想去城市里的子女家中居住。除了人缘关系和生活习惯以外,我想,古村镇上空吹拂的和缓之风,弥散的祥和之气,正是一般大城市所缺乏的!

# 29　保护与开发

## 提倡修旧用旧

我曾到过建有大量仿古建筑的地方，远观时一阵欣喜，细看时却神韵全无，然后失望地远离。分辨其是否为仿古建筑的要诀，只需看它是否是整洁、规律、无缺、重复的，如果是，那就说明它缺乏"唯一性"。在此，不妨建议古建筑的修复者，修复古建筑时应尽量保留古建筑的"古"物件，不论是磨得光滑的地板、残缺不全的各类雕塑，还是木板、梁柱、瓦片等，在保证结构稳定的情况下，能用回去的都要用回去，不要随意把古建筑的各种"不完美"构件拆散运进博物馆，或干脆散落在院内墙角仅供展示。

关于古建筑的修复工作，许多有识之士提倡要"修旧如旧"，而我则提倡要尽量"修旧用旧"。就是哪怕墙倒了，墙中的沙土石子可以加入现代材料后重新砌墙（甚至部分墙体裸露出原始材料作为展示用也可）；如果是木墙，也可以作为新建的墙的装饰面板使用。只有这些古物件和古材料在，建筑的"古"韵才会在。

古村镇开发旅游业的，要完整保留古村镇的原始风貌，多做维护而不是重建。像老宅、古塔等快倒塌了，可以采用支护加固的手段，或者干脆围起来，仅供游客在外围观赏就好（就像前文提到的四川尧坝老街的古进士牌坊）。哪怕老宅、古塔倒塌了，只剩下残垣断壁，这些残垣断壁依旧能散发出浑厚的历史气韵——它们是人类和岁月的共同产物，能让见到它们的人更好地去品味古村镇的历史，去感受时光的变迁。

广西柳州融水县小桑村青山寨，被人们称作"石上人家"。传说为躲避蛇虫鼠蚁，青山寨的先辈们将吊脚楼木房子建在了山谷裸露的大块花岗岩之上。如今，寨里保留了石块最多、最大的山谷处的几栋老吊脚楼。虽然这些吊脚楼有些倾斜了，上面也没人居住，但却成为画家和学生写生创作的最佳对象，艺术家们干脆在山谷中挑选一块平整的大石建起了写生亭。是这些并不规则甚至有些已经成为危房的老吊脚楼，让青山寨成为一个以绘画艺术和建筑特色闻名的村寨。保留这些老吊脚楼，就可以凸显青山寨的历史文化，维护青山寨最独特、最具差异性的景物，才能持续吸引艺术创作者的到来，进而带动当地经济的发展。

贵州兴义南龙布依古寨，据说明朝初期时是南龙府所在地，且还是后来南明皇帝住过的村寨。老寨里存有几百棵黄葛树（有的已有800多年树龄），树下掩映分布着48座全木制的干栏式吊脚楼。老树、老宅、老人、老石板小路和狗，是这座古寨留给我的印象。当地管理员提醒说，寨里有几栋拉着警戒线围蔽的老宅已经歪斜了，让我们不要靠近。当地不设门票，看起来维护费用也不多。我说，就算那些老宅倒了，也可以就地围起来供游客观看。但那位30多岁的女管理员说，如果将来有资金，也有一种做法，就是尽量采用老宅的木材重新把房屋建起来。我觉得她提的方案对南龙古寨更加适用。因为古寨里老宅太多了，不缺那两三栋坍塌的建筑；但如果那些老宅倒了而不及时处理的话，就会让古寨看起来更加破败，反而影响了古寨景观的整洁性和游客的体验。

## 受保护的红色古村镇

我曾担忧一些偏远的古村镇会逐渐没落,不过后来却欣喜地发现一个现象——许多偏远的古村镇,正是由于其山高林密,交通不便,不少成为红军等红色革命者当年生活、工作、路过、战斗过或隐藏过的地方(当地老百姓也给予了极大的帮助、支持,甚至是做出了牺牲)。如今,写有红军口号标语的石块、木板被保留了下来,红军领导住过的地方被维护了起来,红军路过的街道被修复了起来,不少古村镇都建立起了爱国主义教育基地,成为学生和单位经常参观到访的地方。如此,既保护了古村镇的许多古建筑,又带动了当地民众的就业,维持了生活,这算是古村镇先民们的付出或牺牲在福泽后代了。

红色景点通常是我探访古村镇的主要目的地,这些景点经常有近现代著名人物活动的轨迹。来到此处,你就与这些著名的人物有了空间上的交集,多少能够感受到当年革命工作的艰辛和他们的伟大无私,可以获得面对困难时更强的韧性——虽然我们无法重复他们的经历,但每次探访,通过了解他们的事迹、感受现场的环境,从而获得了间接的阅历,锤炼了个人的心性。

## 尽量保留其原貌

一些比较成功的古村镇开发案例,都是尽量在原地把古村、老街、古城保留原貌,再在外围兴建餐饮、住宿、玩乐、观赏等设施,让古村、老街、古城尽量保持住了它原来的生态和肌理(但要做好卫生和安全措施)。

要知道,一旦古村镇失去了原始的韵味和当地的特色,就算现在有

广西柳州融水县江寨村青山寨吊脚人家

四川泸州大平古镇红军驻地旁的八角天井

再多的游客光顾,那么将来也会因为逐渐失去了特色(商业化了或同质化了)而最终失去游客的青睐!

## 保持原生态的沙溪古镇

云南沙溪古镇的保存和开发格外值得品味。

沙溪古镇以一条溪水潺潺的寺登街为主街,以兴教寺前的四方街和戏台为核心,附近有一座东门和南门。从外观来看,两座城门的墙体竟是用泥土混合稻草砌筑而成的黄土墙!古镇不大,几乎三个小时就可以走完它所有的巷子。铺着明清时期的石块的寺登街,不时叮叮当当地走过一匹马,忽而还留下一些马粪(当然,不久就有人过来把马粪扫走了)。见到如此情景,我开始有些敬佩当地人了!一方面,当地人把古镇完全复古地保护了起来,生怕破坏它原来的风貌;另一方面,路过的马匹告诉外来的游客,马和牵马、养马的人才是古镇的主角。也就是说,当地人维护古镇,不一定只是为了让游客前来观赏,也是为了刻录下寺登街最辉煌的那段时光,保持古镇的古生态样貌。

值得一提的是,沙溪古镇里几乎所有的商铺、旅馆都不约而同地把"商气"隐藏了起来,不张扬,不喧嚣,不去打破古镇现有的平静和祥和。或许商家和居民是在维持古镇作为商品集市本该有的样子——集散有时!在没有集市的日子,就该平静地生活和等待,只是这一等,近百年就过去了。如今,他们迎来的不是东来西往的客商,而是南来北往的游客。

更有意思的是,古镇人这种平静的生活态度,直接将游客分成两类:一类是向往静谧生活的游客,他们可能会留下来居住一段时间;另一类是向往热闹喧嚣的游客,他们行色匆匆。古镇没有刻意挽留任何游客,而是在傍晚时分将喜欢热闹的游客送往了距此约一个小时车程的丽江或大理。

许多游客或许跟我一样，一旦离开了这里投入到繁华与喧嚣之中，却又马上怀念起沙溪的静谧来。这时我才意识到，这其实是一种珍贵的差异化！时光在这里缓缓地流淌，此处才是拥抱时光的最佳场所。而且沙溪古镇的集市生态从来就没有改变过，它只是换了一种形式——在白天聚集游客，又在夜晚来临之前疏散了多数的游客。

土黄色的泥墙，是它纯美的容貌；清澈透底的小溪，是它跳动着的脉搏；叮当作响的铃铛，是它传唱百年的歌声。沙溪人不仅执着地呵护着这座古镇，也低调地维护着古镇最美的历史画卷——让艳丽的阳光照射在灰瓦上，照射在脱皮的木板和墙面上，照射在四方街的老槐树上；让东城门口清澈的河水清丽地流淌向远方；让石拱桥以近乎半圆形的姿态呼应着日月，背负着来往人马；让红梅、绿树、蓝天、白云、远山、近水，美轮美奂。

热闹与繁华虽远去，但美丽却沉淀了下来。美丽的时光既然在这里静待了数百年，那大家就不必担心美好会轻易流逝。不妨来到此处，放慢追赶的匆忙步伐，品阅时光吧！

# 30 其他

## 背景与风景

### 1. 背景

上文品鉴古村镇的29个视角,对应了29类事物。对每种事物,大体上还可以从"背景"和"风景"两个角度去解读和赏析。比如古建筑、古桥、古井,既是古村镇的一道风景,也会有它的历史文化背景,值得玩味。

品鉴古村镇,关注其"古"事物的背景是必要的。关注事物的历史文化背景,就是了解、分析其在上百年历史中的起源、发展、原理、规律和构成。

### 2. 风景

当我们能用欣赏的眼光去看待古村镇事物时,那么,古村镇中再寻常的事物也往往能成为我们眼中的风景。古村镇的景物大致可分为自然景物(比如小河、古树)和人文景物(比如古塔、古庙)两种。

当我们通过体验和欣赏古村镇的景物，感知到美和舒适的时候，景物就成了风景或美景。

面对这样的风景，我们先不必去拆分解读，只需要拍照摄像，或对着美景静静地欣赏，心情就会变得美丽，记忆就会更加丰盈。在这美妙的感受发生之前或之后，我们再去慢慢了解景物的背景，再去思考品味，提高自己的认知，那么可以说，我们已经提升了此次游访古村镇的价值了。

## 景物的唯一性

古村镇的美景，往往是自然景物和人文景观的有机结合体，而且还经过了时光的打磨，变得柔和、稳重、和谐。最关键的，因为每个古村镇所在的位置不同，建筑时期和过程迥异，因此古村镇的景物就有了一项最为突出的特性——唯一性！

经过时光雕琢而成的古村镇，是令人着迷的，是当今现代化的建设无法复制的。虽然现代技术可模其形态，但终无法仿其神韵，因为仿古和真古之间，缺少了"时光"这个最重要的元素。

## 玩乐和体验

我到古村镇游历，主要是为了寻访中华文明宝贵的组成部分。这个过程，首先是欣赏风景，其次才是去研究、去品鉴其背景。不过大多数人到了古村镇，除了欣赏风景外，就是为了休闲玩乐或体验生活了。

古村镇与城市相比，其在景物和底蕴方面都是不同的，古村镇适合城市里的游客过来放松心情，呼吸新鲜空气，休闲观景。除此以外，游客还能品尝到具有当地风味特色的菜肴或小吃。如果还有突出的观赏性或可玩乐的项目，则会更具吸引力，如草原上有骑马项目，沙漠有骑骆驼项目，北方冬天可以玩冰滑雪，少数民族村镇则有民俗节目表演等。

人类具有亲水的天性。只要有水，特别是有清澈、不深且平缓的水流经过，那这样的古村镇必然广受欢迎，也能吸引游客驻足或小住数日。比如四川的黄龙溪古镇和柳江古镇都是以玩水为特色的古镇，它们在夏日里尤其受欢迎。还有些古村镇有温泉，在春、秋、冬三季就深受游客喜爱。

有些家长愿意带小孩到古村镇游玩，也是为了能给小孩带来不同的生活体验。因此，如果有条件能在古村镇小住一段时间，那不仅可以好好地欣赏古村镇，还可以接触古村镇人民的生活，甚至参与体验当地人的生产劳作。如此，应该是一种宝贵的人生体验了。

古村镇如果能开发出让游客体验生活和劳作的项目，则应该可以留住更多的人气。只是这样一来，又会多大程度影响古村镇的原有生态、增加当地环境的负担，则不得而知了。

## 生活和生产

来到一些古村镇，我们经常会羡慕那里居民的生活环境优越，房子、院子很大，稻香山青，小桥流水，孩童能自由地与自然亲密接触……

不过静下来细想，现在古村镇的各种配套设施和就业机会还比不上城市。因此，到了古村镇，我们还可以关注当地人的生活是否便利、上学和就医水平如何、经济主要依靠什么、主要有什么产业、是否可持续，等等。

我们有时也会遇到由于环境恶化、资源枯竭、交通改变、产业被淘汰等因素而逐渐没落，人去村空直至荒废了的古村镇。比如在西北高原和荒漠地区的××古城、现代的××石油小镇、云贵高原高山上的××村寨，就是如此。

好在随着全国高铁和高速公路的密集建设，各地旅游业随之发展起来。许多偏远但有特色的古村镇依靠发展旅游业、服务业，还能维持其居民的日常生活，至少能让村镇中有人居住，延续了古村镇的居住生活功能，形成"居民—生产生活活动—人文环境—自然环境"四者的完美统一，成为真正意义上"活"着的古村镇。

近年来，随着乡村持续振兴，古村镇的农业和手工业持续发展，交通的便利和网购直播的兴盛，加上大城市房价上涨，许多在外打工的中青年人纷纷回乡创业或工作。这种回流让大家既有了稳定的居住条件，又有了可观的经济收入，生活节奏不用像城市里那么快，生活压力也没有那么大，同时，古村镇也焕发出了更多的生气。

每当我见到村镇里的孩童拥有与城市里的孩子相同的学习内容和条件相当的学校，见到村镇中的老人怡然自乐，村民们的居住条件大大改善，甚至他们的收入比城市里的居民还要高的时候，我总会觉得开心，因为只有如此，才算真正实现了国富民强和共同富裕。再说，也只有当我们不需要为古村镇居民的生存发展状况而担忧的时候，我们才可以一心只关注古村镇的风景和背景，才能开心地去休闲玩乐，体验生活。

云南元阳梯田保护较好的阿者科哈尼族古村

# 后　　记

可能是青年时期因为求学而多次乘坐火车跨越大江南北的原因，我较早地关注到了祖国的地大物博、多姿风采和物产丰富，各地民俗和风情趋同又存异。我意识到，各地物质和精神文化的产物、山川自然、人们生活赖以利用的禽畜植物等，一起构成了内容丰富而伟大的中华文明。

能在当今盛世去游访、探望几千年中华文明的结晶，显然是件超越生命长度的幸事与乐事。我开始在大学毕业十多年后，不畏寒冬酷暑争取时机出发，既欣赏风景，也了解背景，在进行多点横向比对和对历史的纵向查阅后，将自身感受和思考、论证、总结的成果形成文字记录下来，撰写成文，形成成体系的"中华文明访思录"系列图书。这是一项体力、脑力、时间、资金和精神全方位付出的使命，我必须不时将成果留在路上，方能继续轻装前行。

这个过程中，2022年3月出版的《一江潮客情——潮汕与客家历史文化访思录》可视为该系列图书的第一部。这部图书主要记述了粤东地区的历史文化，探讨分析当地民俗风情以及人们观念行为的由来与发展。之所以先写作这一本，是因为如果我不能把家乡潮客地区的历史和文化尽量弄明白、写下来，可能也就不能把其他地区的历史和文化写好了。

接着，我又选取了中华文明中的"明珠"——既有自然风景又有人文历史背景的古乡村城镇来进行品鉴，撰写成本书《阅读时光里的古村镇——从30个视角品鉴150个古乡村城镇》，算是"中华文明访思录"系列图书的第二部。

或许有人跟我有同感：现代化的城市建设，让城市生活和城市景观趋于类同，加上交通拥挤，生活休闲空间比较狭窄，很多人对城市景观出现了审美疲劳；而人一旦离开自己熟悉的生活环境，离开城市，特别是离开大都市，很快就能发现风光和美景。我出生、成长在广东的一个县城，跟村镇其实仍有一定的距离；后来长期在广州工作生活，跟许多人一样，走进村镇的机会更少了。这却让我对古村镇保持了浓厚的兴趣，激发了探究的兴趣，发现这些"活着"的古村镇拥有着与都市迥异的人事和景物，是"居民—生产生活活动—人文环境—自然环境"四者完美结合的集合体。

每当看到这些有上百年历史的古村镇，心境就会自然开阔，情操也开始高雅起来。因为上百年的时光，已经超越了一般人的生命长度，足可以让一切的繁华喧嚣与功名利禄，或归于尘土，或沉淀为经典，最后留下了人之所以能生存的基本条件、物之所以能长存的至理。这绝对值得我们去品读一番，而品读的钥匙，首先是要有一颗能暂时脱离当下社会规则且对游访当地的自然、建筑、历史、人民、文化等饱含兴趣、敬重乃至热爱之心。

在历经前后八年的游访和三年的撰写后，本书终于完成了。需要向读者说明两点：第一点是收录进本书的古村镇，明显西部地区是多于东部地区的，特别是以西南和华南地区的四川、湖南、广东、广西、贵州、云南等省份居多。之所以出现这种情况，一是因为这些地区少数民族众多，文化差异更大，是我近年游访的重点；二是因为这些地区的许多古村镇远离我国经济率先腾飞的珠三角和长三角地区，开发得晚，保留的古建筑和古物件多，许多都在高山路远处，整体的"古"韵更明显、更自然！或许，随着将来我游访的古村镇增多，还能在再版时加进其他的古村镇进行解读，也可能会有更多的品鉴视角，但至少现在看来，目前这可能算是比较全面且有代表性的了。第二点是，这些被我解读的古村镇，也是处于不断发展变化之中的，当您将来再到这些地方时，很可能我所写到的景物已经发生了变化，比如一些古建筑倒塌了，或被修复得不"古"了，或风俗景物改变了，等等。

《阅读河山——中华文明访思录》是我计划要写的倒数第二本书，目前正在撰写《河岸悠悠》《茶之性》《古树之气》《他乡的故土——从西南地区同乡会馆说起的移民与商帮》《民族之光》《风景这边独好——无法重走红军长征之路》《山之韵》等长文。

写作这些选题的文章，连同本书有关古村镇的文字，起初只是因为游访旅程中给我留下了比较深刻的印象和良好的感受。随着游访地区的增加，可以横向比对的事物得以累积，且对事物的纵向了解逐渐深入，于是，情怀开始膨胀，内心就涌起要将其整理表达出来，让自己更加清晰也让读者能够获益的激情。于是我知道，我该动笔了！

我写这类文章一贯的自我要求，是要忠于事实，要对读者负责，让读者能获得有用的知识，能开阔视野，能有美的享受，思绪能得到扩展，精神能得到充实和满足，最好能引领读者进入时空隧道，回到历史上的某个重要节点，能带给读者一些有益的启示、美好的联想以及正能量。由于水平有限，未必都能达到以上效果，但好在我要写的文章没有受到什么约束，这让我可以更大的格局书写更大的情怀，在文体、题材、内容上恣意驰骋。

为了达到以上要求，我经常白天推掉许多工作，做些基本的回忆、研究、思考，等到了凌晨一两点，有了比较宁静的外部环境，有清晰的思路和深度的思考了，才比较流畅地撰写下来。这大概应了国学大师饶宗颐先生说过的一段话："做学问的人要养成孤独感，很多事是要集中精神投入去做的。这是自发的，不是强迫的。"中山大学陈春声教授也说过："人文学科中，重要的思想发明其实都是孤独的思考者独立思考的结果。"

为了应对熬夜写作，我的习惯是喝产自家乡饶平的岭头白叶单丛茶，既能提神，又能调节身体微循环。为了让自己成为"作家"，而不是"坐家"，同时践行我本书的观点"汉族男人的运动方式不仅可以是跑步和打太极拳，还可以是跳舞"，在近几年密集写作长篇小说《千年宋井》、粤东文史访思录《一江潮客情——潮汕与客家历史文化访思录》、新时代孝道图书《行孝——孝敬的十二种方式暨新时代孝道》及本书的过程中，我间断学习了几支运动型舞蹈，获得不错的动静调节效果。今天之所以要把这些事情写出来，算是对人生这段时期工作生活的一些记述，同时也是想告诉自己——以后要少熬夜了，在完成图书《阅读河山——中华文明访思录》后就慢慢来吧！

最后，衷心希望本书——

能成为都市人放松身心、感知乡土气息、提升生命质量的善尚读本；

能成为青少年开阔视野见闻、增长中国历史文化学识的知识性散文；

能成为古乡村城镇旅游爱好者增加赏析角度、提升鉴赏水平的工具手册；

能成为古村镇民宿、客栈、酒店供客人阅读的标配优质图书；

能成为乡村振兴工作者、古村镇旅游策划师及城镇规划设计师的文化参考指南。

果能如此，则不枉我酷暑寒冬走过的路，以及两百多天的熬夜撰写了。

最后，对大家阅读、购买、分享本书谨致感谢！

余源鹏

2023年夏于广州火炉山畔